孩子，你不必讨好任何人

建立友谊、身体和生活的边界

[英]米歇尔·埃尔曼 著 [哥伦]萨拉·托马特 绘
海狸 译

中信出版集团 | 北京

图书在版编目（CIP）数据

孩子，你不必讨好任何人：建立友谊、身体和生活的边界 /（英）米歇尔·埃尔曼著；（哥伦）萨拉·托马特绘；海狸译. -- 北京：中信出版社，2025.7.
ISBN 978-7-5217-7587-7

Ⅰ. C912.11-49

中国国家版本馆 CIP 数据核字第 20254PZ098 号

Text Copyright © Michelle Elman, 2023
Illustrations copyright © Sara Tomate, 2023
First published as HOW TO SAY NO in 2023 by Puffin Books. Puffin Books is part of the Penguin Random House group of companies.
Simplified Chinese translation copyright © 2025 by CITIC Press Corporation
ALL RIGHTS RESERVED

本书仅限中国大陆地区发行销售

孩子，你不必讨好任何人：建立友谊、身体和生活的边界

著　　者：[英]米歇尔·埃尔曼
绘　　者：[哥伦]萨拉·托马特
译　　者：海狸
出版发行：中信出版集团股份有限公司
　　　　　（北京市朝阳区东三环北路27号嘉铭中心　邮编 100020）
承 印 者：北京盛通印刷股份有限公司

开　　本：787mm×1092mm　1/16　　印　张：14.75　　字　数：145千字
版　　次：2025年7月第1版　　　　　印　次：2025年7月第1次印刷
京权图字：01-2025-1886
书　　号：ISBN 978-7-5217-7587-7
定　　价：49.80元

版权所有·侵权必究
如有印刷、装订问题，本公司负责调换。
服务热线：400-600-8099
投稿邮箱：author@citicpub.com

献给拉弗蒂、博阿兹和扎哈拉，
愿你们说"不"的时候像说"是"的时候一样，
永远清晰坚定！

目录

引言 让"不"陪伴你成长 ... I

第1章 对朋友说"不" ... 1
我不是你的小太阳,我不要做你的宇宙中心 ... 3
坚持做自己 ... 15
不要拿我取笑! ... 21

第2章 如何在上网时说"不" ... 33
我对你的私生活一点也不感兴趣! ... 36
离开网络,才能迎接更广阔的世界 ... 50
不要一直盯着屏幕等别人回复 ... 60
在网上,我分享的是伤疤,而不是伤口 ... 66

第3章 对家人说"不" ... 73
兄弟姐妹是不请自来的室友 ... 76
尊重:了解它对自己意味着什么 ... 80
让大人去解决他们的问题 ... 93

第4章 在学校里说"不" ... 103
只有怪兽才会大声嚷嚷 ... 104

先做完，再做好 110
我的时间很宝贵 118
好好学，好好玩 122

第5章 我的身体我做主 129
不要抱我 131
你的初吻 140
如果不是百分百愿意，就是拒绝 146

第6章 没有人可以定义我的美 153
这是我的世界、我的主场 154
守护你的身体 166

第7章 从今天开始说"不" 179
不行！不要！我不同意！现在不行！ 180
简单明了，不用解释 188
拒绝就是拒绝 196

最后的话（这次不再是说"不"了） 207

致谢 210

引言

让"不"
陪伴你成长

做小孩并不容易。如果你问成年人是否愿意回到青春期，大多数人的回答都会是"不""绝不""打死也不愿意"。然而最糟糕的是，当你还小的时候，偏偏不被允许说"不"！

在成长的过程中，我有无数次想在屋顶上大喊"不"：

- 当我在小学体育课上，和班里其他女孩一起当着男生的面换衣服的时候；

- 当我只想一个人静静，哥哥却闯进我的房间，然后我因为锁门而挨骂的时候；

- 当朋友怂恿我做一些违心的事情，但我不想做又不想显得自己一点也不厉害的时候；

- 当我向一些有违公平的事情提出疑问，却被回以"你还太小，根本不懂"或者"我说什么你就做什么"的时候。

每次听到这些话，我都想翻个白眼。我是说，这真让人无法理解！在这样的年纪，你聪敏、有主见，却没有任何自主权。

自主：独立、自由和自我指导的特质。

这也是你想要的,不是吗?你不会甘心只做自己生活中的演员,一定还想成为导演!如果你只是一个演员,那么当他们说"拍摄现场不准带手机"时,你就得照做;但如果你是导演的话,就可以制定手机使用规则。如果你只是一个演员,那么你会被告知你该做什么、只能去哪里等等;但如果你是导演,你就可以改变这些规定。你的生活应该是**你自己**导演的电影,**你自己**的舞台、**你自己**的选择!

作为一个孩子,你已经有了独立思考的能力,却还没有像成年人一样**随意行动**的自由。你的选择非常有限,而且对这些选择也没什么掌控力。你不能决定自己住在哪里,对上哪所学校你可能也没什么选择权,甚至你都不能决定晚餐吃什么!因为你"太小了,还不懂",所以似乎所有人都可以无视你的想法。大人们也太自以为是了吧?你明明知道自己有什么想法、有什么感受,但还是不断地有人告诉你"你还只是个孩子"。这太令人沮丧了,总让你感到**无助、绝望、对一切无能为力**。似乎每个人都在对你说"不",可你把"不"这个词拿来自己用的时候,却引来了大惊小怪。这公平吗?

而在短短几年之后,你就要跨出校门,被抛入成年人的世界了。在学校里,你只需要完全照着别人的要求去做事就行了;而当你进入社会之后,你需要清楚地知道自己是谁、想做什么、该相信什么。这也就意味着,所有的规则会**天翻地覆**，然而却**没有人**对新的规则做出解释！不过，规则的改变并非发生于一夜之间。它们在一个混沌、模糊、复杂的时期萌芽，这就是所谓的成长期。

这是一段最难熬的时光。成长的过程遍布暗礁。你不得不去适应新的友谊、新的老师、身体的变化。一天的时间似乎永远不够用。突然之间，你发现人们开始接吻，开始在社交媒体上展示自己的生活。如果你已经拿起了这本书，那么我想你现在肯定就处于这个阶段。我想说的是，首先你已经尽力了；其次我还想告诉你，**你可以说"不"**。实际上，我就是来送给你一张**"不"**的通行证。（如果你是一位家长或老师，也不必担心。我也会讲到什么时候说"不"是可以的、恰当的，以及当有人向你说"不"的时候，该如何倾听。我向你保证。）

我花了很多年才学会为自己发声。现在我意识到，其实我一直都有说"不"的权利。但当我在孩提时代想要使用这种权利时，却被贴上了**"难缠"**和**"固执"**的标签。但知道自己愿意做什么或者不愿意做什么，又有什么错呢？当你开始使用"不"的时候，你就获得了掌控力！你不需要讨好别人，也不需要为了更让别人喜欢而唯唯诺诺。说"不"，并不会让你失去爱你的人。

但如果有人跟你说事实并非如此呢？那就是

弥天大谎。

v

你可以说"不"。

虽然"不"只有简单的四笔,但是只要你能够用坚定、自信、合理的方式**正确地**使用它,它就能够成为你解锁自身权利的关键因素。如果你对"不"使用不当,那么不仅别人很难了解你的想法和感受,而且**当你说"可以"的时候,其效力也会大打折扣**。

首先诚实地面对自己。当你说"可以"的时候,你的真实想法是什么?

是因为你想要去参加聚会,还是只是因为你不想被冷落?

是因为你真的想要聊聊才打电话,还是只是因为不想伤害别人的感情才去煲电话粥?

是因为想要拥抱而拥抱,还是只是因为不想失礼而拥抱?

在我十几岁的时候，我非常在意别人是否喜欢我，所以就会经常回答"可以"。但让人难过的是：当我这样做的时候，恰恰正是我自我评价比较低的时候。那时，我觉得自己难看、平庸也不受欢迎，所以我就想要通过变得"有用"来让人们喜欢我。如果有人想找人帮忙做作业，我乐意效劳；如果有人对我很刻薄，我也不介意（尽管过不了多久我会哭起来！）；如果我没有被邀请，那也没关系——我会嘴硬地说反正我也不想去。我以为这样就能有更多的朋友了。但实际上，这意味着我从来没有善待过自己；当然，别人也没有善待我。

但后来，我发现了一个很好用的工具——边界。

边界，会告诉别人该如何对待我们。如果你允许别人随意指使你，他们自然就会这样做。但这并不会让别人更喜欢或尊重你，只会让你感觉更加糟糕。

这里所说的边界是在我们自身和他人对我们的期望之间设置界限。

　　边界像是一面可以保护你的隐形盾牌。当你确认了一个人是安全的、值得信赖的好人，你就可以把盾牌放下；如果一个人很讨厌，你又可以把它举起来！就像你手机上的屏蔽按钮一样，边界就是你在现实生活中的屏蔽按钮。

　　我们通过边界告诉其他人什么是我们可以接受的，什么是我们不可以接受的。为了说清什么是我们不可以接受的，**我们就要用到"不"这个词**。"不"是我们最先设置的边界，也是最重要的边界！"不"是我最喜欢的词，尽管我们总被不停地告知说"可以"或者"想要"才是令人愉快的。

想要去聚会!

　　想要吃蛋糕!

　　　　可以放假!

但"不"才是最有力量的。"不"让你坚强,"不"让你自信。相信我！一旦你开始说"不",你就停不下来了。

"不,这样不行。"

　　"不,我不应该被这样对待。"

　　　　"不,你不能这样对我说话。"

拒绝霸凌!

　　拒绝坏朋友!

　　　　不要在乎别人怎么想!

我是直到成年以后,才学会正确地说"不"的。回想起小时候的我,简直就像是在自己身上挂了个牌子,上面写着"尽管虐我吧"。而周围的大人也帮不上忙,他们甚至无法设定自己的边界！所以我历经磨难——经历了无数眼泪和痛苦——才学会这些。我希望这本书能为你提供我曾希望拥有的所有工具,可以让你免受不必要的痛苦,让那些不能善待你的人或者强迫你做违心之事的人远离你！

说"不"的诀窍在于向小小孩学习。小小孩会在玩具被拿走时大声喊"不",也会在被陌生人抱在怀里时大哭抗议。然而,随着时间的推移,在不断被教导要忽视自己的不适、要照顾别人的感受、要礼貌从容之后,我们逐渐失去了小孩子与生俱来的本能直觉反应。当朋友想让我们做一些我们不想做的事情时,我们已经忘记了其实我们本来可以说"不"。当别人侵犯我们的私人空间时,我们也忘记了自己本来有权说"不"。我们已经忘记了,我们可以说"不",可以拒绝。

在这本书里,我将教你如何从小小孩身上汲取灵感并融合成人的语言,来设定自己的边界。

一切从"不"开始。

你需要说"不"吗?

你是已经有良好的边界感了,还是需要加强训练呢?让我们一探究竟吧!

你会经常说这些话吗？

尽管很是烦恼，
却说"没关系"！

尽管非常在意，
却说"我不介意"。

明明很关心，
却说"无所谓"。

尽管很糟糕，
却说"还好"。

当你已经无能为力的时候，
却说"我能搞定"。

当你并不好的时候，
却说"挺好的"。

明明很重要的事，
却说"没事"。

当你如鲠在喉、难以忘却的时候，
却说"忘了吧"。

现在，我们需要来看看那些你用来描述自己的词语！

你有没有觉得自己

麻烦、
累赘
或者碍手碍脚？

如果你会这么想，那么就已经存在取悦他人的压力了！当我们太在乎怎么让周围的人开心的时候，往往会觉得自己不够好，因此才会格外努力，让自己变得容易相处。我们竭尽全力地表现得完美无瑕，以免惹人讨厌。但问题是，如果我们太在意别人的看法，就没法充分地考虑自己了！

而
我们的
首要
任务
是确保
自己
状态良好!

第1章

对朋友说"不"

- 如果我不参加聚会,朋友就不再邀请我了怎么办?

- 如果我在说"不"之后又后悔了怎么办?

- 如果我不如朋友的愿,他们怀恨在心怎么办?

- 做好朋友,是不是总要形影不离?

- 我所有的朋友会不会都在暗暗嫉恨我?

- 如果别人觉得我不跟他们分享自己的秘密很无趣,该怎么办?

朋友可能是最难拒绝的人，因为你希望被同伴接受，你想要显得风趣幽默，你也不愿意错过任何一次社交！但是，给自己留出时间、在适当的时机说"不"和建立令人愉悦的健康关系是可以兼顾的。你不用为了讨好朋友，放弃自己的需求。朋友之间是平等的。他们喜欢你，是因为你就是你。如果一个"朋友"总是让你感到不舒服，总是侵犯你的边界，也许就应该反思：他究竟是不是你的朋友？究竟是否值得一直与之交往？

我不是你的小太阳，
　　我不要做你的宇宙中心

当我年少的时候，也总是为担心朋友离开自己而惴惴不安，甘愿为挽回友谊付出一切。那时候，我总是会想方设法地取悦他人。我会想，如果我能成为一个完美无缺的好朋友，那么不管别人是不是喜欢我，也都会围绕在我身边。如果我的朋友叫我去做点什么，我会立刻放下自己手里的事情，马上去做。现在我也还记得，虽然我一点都不喜欢旱冰球，但因为好朋友喜欢旱冰球，想要拉我做伴，于是我让妈妈也给我报了名。哪怕我既不喜欢轮滑，也不喜欢挥棒，但我仍然不想拒绝朋友，就答应了她。即使我觉得旱冰球实在可怕，弄得自己满身淤青、后背疼痛不已，但至少证明了我是一个很好的朋友，对不对？但这事似乎总有些不对劲。

问题在于，我总是以自己的付出为代价，源源不断地做了太多的事情。我在放学以后要打网球、游泳、滑冰、骑马，然后又加上了旱冰球，以至于我没有一刻闲暇，不得不在晚上点灯熬夜才能完成作业。我投入了全部的精力去做一个"好朋友"，不惜身心俱疲，实在是因为我对失去朋友的恐惧太过深刻。

交朋友非常重要，但要张弛有度，要照顾好自己。

愿意为朋友做**任何**事情，并不是一种健康的关系。你不用总向朋友低头哈腰，而且不恰当的讨好甚至可能反噬友情。举个例子吧，我一度乐于做朋友们的倾诉对象。谁想要倾诉秘密的时候，都会来找我。当我担心不被朋友接纳的时候，我就会透露一些秘密出去，好让这些所谓的朋友围着我转。直到有一天，我到学校之后发现自己的名声臭了，别人都说我嚼舌头。啊，这太**讨厌**了！当时我总觉得，如果我的消息不够灵通或者如果我知道的消息不够劲爆，那我就有在小团体中失去位置的风险。但这种交友方式确实不怎么样。更糟糕的是，尽管我一心想做一个完美的朋友，但实际上这样的行为让我变得一点也不值得信赖，反而成了一个不合格的朋友。

我现在知道了，如果只是因为你总有小道消息或者因为你总是在付出一切才被当作朋友，那这其实不是友谊。我们当然希望受朋友们欢迎，但我们希望他们喜欢的是**我们本身**，而不是因为我们**为他们做了什么**。友谊确实意味着相互支持，但真正的朋友也会希望你能同时照顾好自己。那些你必须通过说服才能争取到的朋友，并不是真正的朋友。

那么，要避免成为其他人宇宙中心的暖心太阳，该怎么做呢？

你不必每时每刻都陪伴在朋友身边。你有没有这样的经历：还没来得及在电话中跟朋友打招呼，他就一股脑儿地把自己的问题说了出来？你就成了所谓的**情绪垃圾桶**。如果把每一种情绪想象成一本厚厚的书，那他们就像是拿了整整一摞书扔到你的腿上。**多疼啊！** 你的朋友应该先问一下再说。这才是应有的边界。

"嘿！我今天过得很糟糕，能和你谈谈吗？"

你可以说："**不！**"

"听到这个消息，太让我难过了！真糟糕！但我现在在外面，明天再谈，好吗？"

或者：

"哦，天哪，我今天也过得不好，所以想早点睡。要不你先打给别人？"

"在自己心有余力的同时全力帮助朋友。"——这才是友谊的真谛。就像飞机上的警告：先戴好自己的氧气面罩，再帮助别人。也就是说，如果你自顾不暇，就没法帮助他人。

但这样做的话，我不就是个坏人吗？

不！拒绝并不会让你成为一个坏朋友。这并非刻薄，也不是自私。照顾好自己始终是你的首要任务，因为你在这个世界上独一无二。

同样地，你也不需要顾忌朋友的感受。你的朋友是否曾经非常生气,以至于你也开始替他们生气?被别人的情绪感染是很容易的,但如何在不承担他人痛苦的情况下产生共情则更为重要,这需要学习和练习。能够区分情绪来自自己还是别人,才能拥有良好的边界感。

当你为朋友背负情绪时,就像在同时背着两个背包。你已经有了一个自己的,还要再多背一个,当然会感到筋疲力尽,而且这样你的朋友也永远学不会自力更生。其实,你可以为朋友加油打气,或者教他们如何调整背带——这样,你们两个人都能更好地控制自己的负荷。情绪也是一样的:你不必承担别人的情绪,只需要给他们爱和支持。

如果我是你的朋友,那么你也必须得成为我的朋友!

我们总是希望生活中的友谊是平等的。确实有的人无论当面还是背后都和蔼可亲,有的人既愿意倾诉也乐于倾听。但是,如果你有一个朋友现在还不能平等地对待你,也不意味着要给这段友谊判死刑。只要你在感觉不舒服的时候能够说出来,就掌握了边界感的关键。

"我不喜欢你在学校不理我，只在我们坐车回家的时候才和我说话。"

"某些人在旁边时，你对我的态度就不一样了，这不太好。"

"我听说你把我告诉你的秘密告诉了全班同学。这真的让我很难过，也辜负了我对你的信任。"

如果他们受到触动，有所改变，那他们就是好朋友！只要别人愿意改变，就应该给他们机会。记住，人无完人，你也可能在不知不觉中让别人不高兴。

能承认错误，就是好朋友！

那么，如果有人因为你的所作所为而受伤，你又该怎么办呢？嗯……如果你想让别人认真对待你的情感，那么你也必须认真对待别人的情感。道歉是很重要的。我们必须郑重地说"对不起"。

人们有时把"对不起"用得太多、太滥了，张口就来，随口就说，甚至进门的时候，还要对门说一声"对不起"！但是有的人却相反，即使明知道自己错了，也**从来**不说"对不起"。你需要在中间找到一个平衡点。当你知道自己做错了的时候，说"对不起"是纠正错误的一种方式。如果你当时实在太生气，不想承认自己错了，那就花点时间冷静一下，但最后还是要说"对不起"！

你不必参加每一个派对！

当我们被邀请去玩或者被要求去做一件事的时候，我们往往想不到拒绝，第一反应就是答应。毕竟，我们应该感谢他们愿意邀请我们，对吗？而且我们也不想因为自己的拒绝招致未来不被邀请的风险，是不是？而且，说不定真到那天的时候，我们还挺愿意的。

为什么我们经常不拒绝自己不想做的事情？

- **我们担心如果自己不这样做，别人会生气或不高兴。**

  如果你拒绝了那次留宿，你的朋友们当然会因为你不在而伤心，但他们也会尊重你。没有你的陪伴，他们依然会玩得很开心！

- **我们担心别人不再邀请我们。**

  被接纳的感觉很好，我们害怕不再被邀请，所以不想因此冒险说"不"。但这一次的拒绝并不意味着没有下次。你的朋友们也不会突然不再邀请你参加活动。

- **我们需要一个拒绝的理由。**

  不想去已经是一个充足的理由了！当你受到邀请或别人要求你做某事的时候，可以停下来问问自己："我想吗？"如果答案是"不想"，那也没关系！

当然，拒绝的方式有好有坏，区别在于时机和理由。首先，如果你不想去的话，最好尽快说"不"。因为如果有人在最后一刻让你失望，往往非常伤人。其次，你的理由应该是诚实的。你没必要拿家庭活动撒谎——他们很可能知道你在撒谎！最好是实话实说，让他们知道你只是拒绝参加那场活动而已，并不是拒绝做朋友。

即使失去了最好的朋友，你依然很可爱！

在继续往下说之前，我想先跟大家谈谈"好朋友"这个概念。现在，我们看到的每部电影里大都会有一对至交，似乎世界上的每个人都应该有一个不离不弃的好朋友。于是就造就了这样的心理：如果在走进幼儿园大门的那一刻还没有遇到那个好朋友，我们就会觉得自己不够可爱或者不够好。但我要告诉你的是：事实并非如此。实际上，把自己的全部身心寄托在某一个朋友身上，并不总是一件好事。

我们不能依赖一个人满足自己的所有需求。把你的友谊想象成一个花园吧：有些植物在寒冷中长得更好，有些喜欢阳光充足，有些则偏爱雨水。如果你种植了所有这些不同类型的植物，那么你的花园就会一年四季都生机勃勃。同样地，如果你有各式各样的朋友，你就可以获得各种各样的帮助，生活也会变得充实和平衡。

想一想你喜欢和朋友一起做什么，然后拿起笔和纸，在每项活动旁边写下你想跟谁一起参加吧。注意要找出不同的人！你可以写朋友、兄弟姐妹、亲戚，甚至如果你还没有想到谁可以和你一起做这项活动，也可以先写个问号。这样做一点也不丢人！这样，你就可以确保在不同的场合跟不同的人一起，这样就不会过于依赖某一个人了。因为，请记住：没有人应该成为别人的中心！

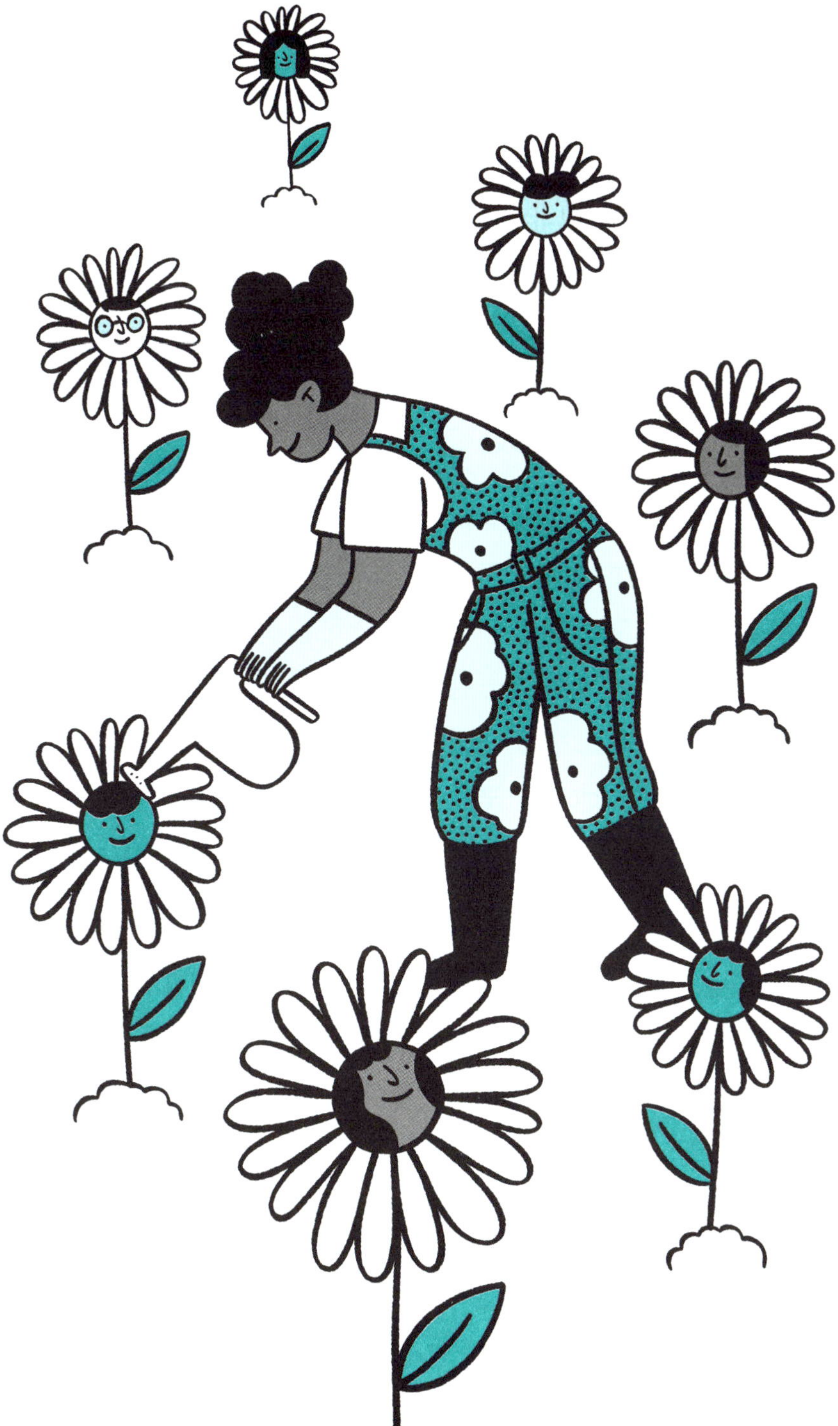

下面是一些例子：

- 你喜欢一起过夜的朋友；
- 与你的家人也非常亲近的人；
- 能与你敞开心扉、深度对话的肺腑之交；
- 有共同爱好的朋友；
- 与你一起学习的人。

记住，友谊不是竞争。你可以有多个朋友，你的朋友也一样！如果你的朋友和另一个人关系很好，并不意味着他们和你的关系就变差了。你完全可以有两个同样亲近的朋友，而不用在其中决出胜负！我真希望自己上学的时候就能意识到，不必在三个人之间争夺最好朋友的交椅。相反，这样最棒的地方在于：当我们失意的时候，有两个人可以倾诉；当我们胜利的时候，也有两个人可以为我们欢呼。**人越多越好！**

有更多的人在身边，永远是件好事。我们都需要一个支持网络。在这个网络中，你既可以有尚未准备好与之分享所有秘密的新朋友，也可以有只想偶尔见一面的老朋友。你不必让所有朋友都同样了解你的生活和信息。如果有些事情你想保密，那也是件好事——这说明你有很强的边界感！

坚持做自己

你的学校里是否有这么一种人,他们不经意间的举手投足都很酷,似乎根本不在乎别人是否喜欢他们?他们是怎么做到的呢?看起来,即使不受别人喜欢,他们也会继续做自己。这就是诀窍!他们不为任何人改变自己。

世界上有 80 亿人，总会有人不喜欢你。这没什么关系。你能想象让这 80 亿人全都喜欢你有多累吗？

而且有时候，有些不喜欢你的人，甚至压根不认识你！老实说，我有时也会毫无缘由地不喜欢某个名人。我根本就不认识他们，但就是不喜欢。这公平吗？确实不公平。但事实就是如此。我们往往瞬间就对一个人作出了判断——有时在我们还不了解一个人的时候，就已经决定了对他的厌恶或者倾心想与之深交。我们需要牢记的是，我们的想法总是会变来变去！比如说，我们都有这样的经历：当我们和一个之前不喜欢的人认真交谈时，才发现他并没有那么坏！

那么，我为什么要跟你说这些呢？这些和为你的生活设立规则和边界又有什么关系呢？我想告诉你的关键一课是：**别人的观点并不重要**。

什么是观点？

观点：对某事的看法或判断，不一定基于事实或知识。

看到了吗？观点并非事实！它可以建立在完全无稽之谈的基础上。那你会让无稽之谈毁掉你的生活吗？**当然不会!**

改变别人对我的看法，不是我的事——我把这一条视作金科玉律，也是我所设定的最好的规则之一。换句话说，如果现在我感觉到有人不喜欢我或者对我有什么看法，我不会试图去改变这一点，而是会说："你可以这么想！"只要你自己不在意别人喜欢不喜欢，那就根本不会影响到你。就是这么简单。

当你接受了别人的看法并为之改变时，其实你就是在告诉自己：你错了，他们才对。你也是在告诉自己，他们比你更了解你是谁以及你应该怎么做。但事实并非如此！如果你觉得某件事很棒，可别人并不这么认为，谁能说他们就是对的呢？如果你觉得某件事很有趣，而别人却觉得很无聊，难道二者就不能同时成立吗？

再看一些观点吧:

- 吃鸡蛋的时候，酱油才是绝配！
- 菠萝比萨太恶心了！
- 只要没有火警，裸睡就比穿睡衣好得多！

拿出纸笔，把所有你觉得好玩和有趣的事列一个清单，什么都行。然后，要记得忠于自己、坚持自己的观点！如果有人说你清单上的某件事情很无聊，请坚持自己的立场。告诉对方，你觉得它很有趣；而且人们的喜好可以不一样，有不同的看法很正常。

我对"酷"的定义和你对"酷"的定义可以不同。边界也是如此。也许你讨厌拥抱，但我却喜欢。也许你会喜欢让朋友穿你的衣服，但我不愿意跟任何人分享自己的衣服。对你自己和你的观点充满信心，会帮助你设定边界。即使别人都说"好"，你也可以说"不"。你不用为任何人而改变。

你是这个世界上独一无二的存在!

我知道突然被放到聚光灯下会让人感到害怕，但我想鼓励你们从人群中脱颖而出，拥有自己的高光时刻。是时候对来自同伴的压力说"不"了。你不必总是跟朋友们一样行事。现在，你可能觉得最不想做的事就是与众不同；但如果大家都一样，那该多无聊啊？当你假装和朋友们一模一样时，你们就成了彼此的复印件。而我们都知道，原件比复印件更好。你需要站出来，发挥出自己的优势。

现在我已经三十多岁了，自以为什么都想清楚了，但在很多方面，其实还是和十岁时一样。现在和当时唯一的不同是，我的生活经验告诉我，通过改变自己来融入他人的道路是行不通的。我已经认识到，假扮他人，会让自己很不舒服。我也意识到，哪怕自己本色出演被人讨厌，也比为了让别人喜欢而东施效颦要强。被人讨厌反而意味着你可以更快地找到适合你的人。不喜欢我？很好，谢谢你，早知道比晚知道好得多！如果一个朋友不喜欢你了，最好当时就能知道，这样你就不会再在他们身上浪费时间了。

　　你知道变色龙吗？它是一种能与周围环境的颜色融为一体的蜥蜴。如果它待在树叶上，会变成绿色；如果你把它放在树干上，它就会变成棕色。它的伪装是为了让自己不被发现。因为如果其他动物看不到它，它就更安全。虽

然我们是人类，但有时也会这么想。我们可能会想，如果我们不引人注目，那我们的生活就会更轻松。但如果你像变色龙一样总让自己与房间的环境融为一体，那你在每个房间里都完全不同。这样不仅别人很难喜欢你，更重要的是，你自己都很难喜欢自己，因为你已经完全不知道自己是谁了！

我希望你把注意力集中在自己与众不同的地方上——这些特点让你独一无二！

你能想出三件让你与众不同的事情吗？

我是独一无二的，因为＿＿＿＿＿＿＿＿＿＿＿＿

我是独一无二的，因为＿＿＿＿＿＿＿＿＿＿＿＿

我是独一无二的，因为＿＿＿＿＿＿＿＿＿＿＿＿

拥有自己的观点

真正的朋友会重视你的意见，即使他们有不同的想法。这是一些我会说"不"的事情：

不坐过山车！
不吃草莓！
不玩橄榄球！

现在轮到你了，说出你的"不"吧。想想有没有你一直在说"是"但实际上一直想说"不"的事？想想那些你实际上很讨厌但一直在假装喜欢的事？拿起纸笔，把它们写下来。然后仔细看看这份清单，向自己保证：

我不会再为了让别人喜欢我而答应做这些事情了！

不要拿我取笑！

十一岁那年，发生了一件让我非常伤心的事情，现在还记忆犹新。当时，我不断地举手回答老师的问题，而且全都答对了，但我的一个朋友当着全班同学的面，取笑我是老师的宠儿。我的自豪感烟消云散。全班都在盯着我，让我非常尴尬。我并不喜欢受人关注，感觉当时每个人都在等着我哭出声来。那你知道我是怎么回应的吗？我一笑而过！我从来没有告诉过我的朋友，她的话对我的伤害有多大。我本可以很轻松地说："嘿，这可不好。我永远不会那样说你。"但当时我还不习惯设定界限，而且我实在太紧张了，说不出来。我真希望自己当时能像现在这样游刃有余——你设定的边界越多，事情就会变得越简单。

如果在被人取笑时，不是一笑而过，而是直接反驳回去，那你的生活会有什么不同呢？你第一次回嘴的时候，可能会感到害怕。但这是因为你正在做一个新的尝试：你正在设定一个边界！

睿智的加博尔·马泰①曾经说过：

"如果童年时期边界没有被构建起来，那就也无所谓被打破。"

这意味着，如果你一开始没有设定边界，那自然无从

---

① 加博尔·马泰（Gabor Maté），加拿大医生，作家，长期关注成瘾、压力、幼童发展、亲子关系和注意缺陷等领域，引进国内的著作有《身体会替你说不》《每个孩子都需要被看见》《空洞的心》等。他在 TED 上的演讲《成瘾的力量与力量的成瘾》被播放超过 300 万次。——译者注

知道自己的边界是否被打破。我们需要设定自己的边界，这样才能知道什么时候要为自己挺身而出。你可以把边界想象成无数个细小的保护气泡。你可以在自己的气泡里尽情地探索世界，只有那些你喜爱、信任和关心的人才能进入其中。只有愿意照顾气泡的人，才可以被允许进入其中；同时远离那些想要破坏气泡的人。边界会保护你远离那些错误的人，只让正确的人进入。这就是为什么边界更像泡泡而不是高墙。我们希望也需要别人进入自己的安全圈。

那么，让我们来谈谈那些想破坏你的气泡的人吧。有

时，你可能会遇到一些刻薄的人。他们可能会试图为自己辩解，把自己说成是实话实说的好朋友。

- "你的家人都很奇怪。什么嘛，我只是实话实说！"

- "你的裙子可真丑。如果连一个好朋友都不能说，还有谁会告诉你呢？"

- "你太吵了！大家都这么想，总要有人告诉你。"

这毫无意义！如果他们说的话毫不友善，让你感觉不好，那这个人就不是朋友。刻薄的人不配出现在你的生活中，你应该离他们远远的。当别人刻薄挖苦你的时候，你需要说点什么。但要怎么说呢？

- "别这样跟我说话。"
- "这太无礼了,你不可以这样对待我。"
- "在我看来,好朋友不应该这么做。"

当你听到有人对其他人挖苦讽刺的时候,你也可以用同样的方式处理。不要加入其中,尽管那样最简单。试着这么说:"这样不好!他们是我的朋友,请不要这样说他们。我们可以做得更好!"

有时人们会把挖苦讽刺包装成笑话,这时会更难回应一些。他们可能会说"这就是一个笑话",你觉得不好笑是你有问题。但如果一个"笑话"是以取笑一个人为代价的话,那这就是霸凌。如果你发现自己正处在这样的境遇中的话,要让他们对这个"笑话"进行解释。你很容易就可以发现,你被他们当成了笑料。这时你可以说:

"这不好笑!朋友之间不能互相取笑。"

如果你学过外语,就会知道你第一次大声读出单词的时候,会感觉很奇怪。你会担心自己说错。当你开始学习设定边界的语言时,也是如此,一开始可能会不舒服。但恐惧可能是件好事:它意味着你在勇敢地尝试新事物。当我们能够拥抱恐惧的时候,我们就超越了自己。

你是谁？我那个喜欢取悦别人的朋友哪儿去了？

一旦你开始坚持己见，你的一些朋友可能会感到震惊，尤其是如果他们已经习惯了你总是唯唯诺诺的样子！他们期待着那个不断取悦别人的你，但那个人已经不存在了。

如果他们因为你坚持自己的观点而大呼小叫，这说明你正在有效地设置边界。你设置的边界会阻挡他们，因此他们可能会说一些话来试图说服你改变主意。这时候，你要坚持住，不要屈服。

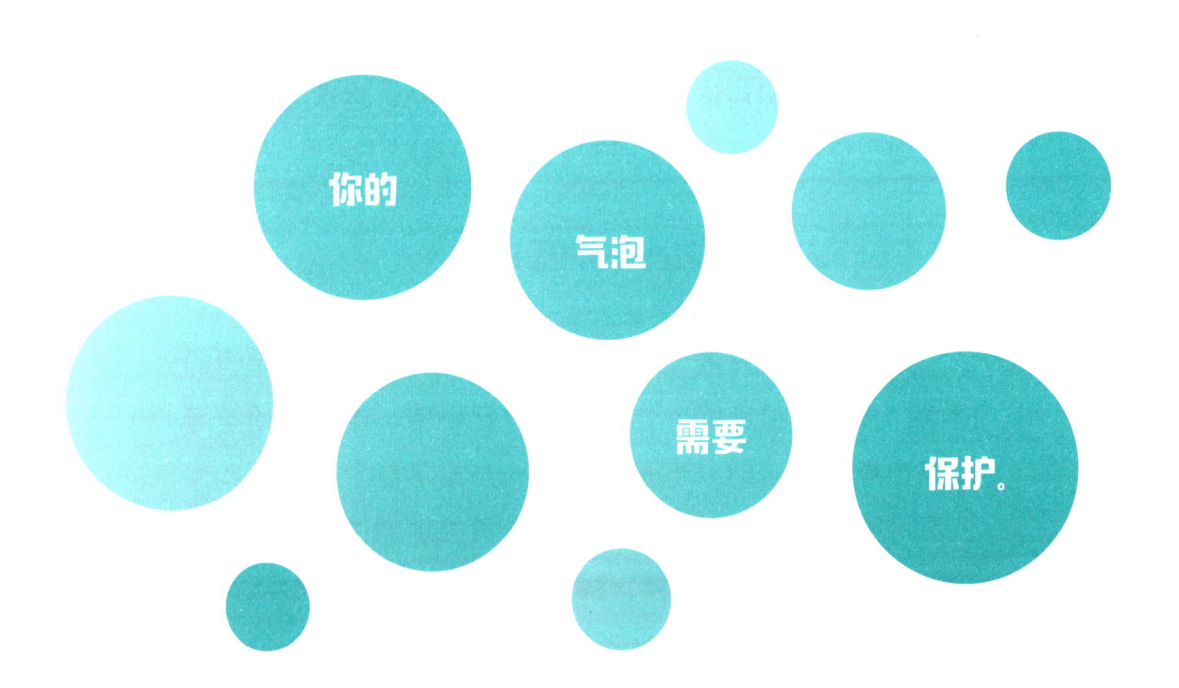

你的 气泡 需要 保护。

"我不会改变主意，我的回答依旧是'不'。"

　　起初，他们会感到震惊和意外，但随后就会适应这个全新的你。当你经常说"不"、经常设定自己的边界、经常坚持自己的决定时，你周围的人就会开始意识到他们不能再欺负你。你已经完全焕然一新了！

　　但如果有人不适应，不喜欢这个全新的你，该怎么办呢？我希望你能全面地看待这个人的行为。

- 他们是你真正的朋友吗?
- 如果你不按他们的意愿行事,他们是否就不会留下来?
- 他们尊重你的反对意见吗?
- 他们是否关心你的想法和感受?是否愿意听取你的意见?

如果他们不尊重你的边界,就是在不尊重你。我知道这话很刺耳,但如果你的朋友不尊重你或你的反对意见,那你需要问问自己,是否想要让这样的朋友出现在你的生活中。

失去朋友是件糟糕的事情，并且不常被人提起。我们总是在谈论"终生的朋友"或"永远的好朋友"，但为什么没有人会提到，你可以只和某人做一年或者五年的朋友呢？你可能曾经了解他们的每一个想法、每一点感受，但现在你只是在课堂上远远地看着他们。你还记得他妈妈的名字，记得他睡觉时会抱着一只叫"抱抱"的玩具狗，但你们实际上已经不再说话了。

这并不意味着你是个坏人，也不意味着你做错了什么。有时候，人们不再做朋友只是因为他们变了。他们身处不同的地方，不再像以前那样相处了。这不意味着你是个坏朋友，他们也不是！但如果因为你们有了不同的边界、不再互相尊重，从而不再是朋友，那么这就是一件好事。这是结束友谊的正当理由，因为照顾好自己、保护好自己是你的首要任务。

边界是我们向世界宣告希望自己如何被对待的方式。其最终极的结果，则是让不能善待你的人不再在你的生活中出现。在你的一生中，总会失去朋友。当这种情况发生时，我希望你能够记住，这也可能是一件好事！这意味着你创造出了可以让其他人进入的空间，而他们将会以你希望的方式对待你。你值得被别人珍视。

设定
朋友相处
边界的
十条原则

1. 善待他人，也善待自己。

2. 诚实待人。

3. 设定边界，接受因此失去一些朋友的结果。

4. 朋友喜欢的是你这个人，而不是你为他们做了什么。

5. 朋友会愿意听取不同的意见。

6. 成为朋友可以有很多种理由。

7. 永远不要为了让别人喜欢而改变自己。

8. 朋友，可以率先接受你说"不"。

9. 让刻薄的人远离你。

10. 如果一段友谊让你感到不开心，那就到了结束它的时候了。

不。

第 2 章

如何在上网时说"不"

- 我不想使用社交媒体，我必须得用吗？

- 想要取消对某人的关注，又不想让对方生气，该怎么办呢？

- 不想与朋友分享定位，该怎么办？

- 如果没有人给我的照片点赞，是不是就说明没有人喜欢我？

- 为什么当我看到自己的照片的时候，会觉得难过？

虽然手机和电脑的屏幕很小,却能开启一整个有待探索和发现的世界。可是,如果我们不能控制好边界,那么社交媒体就会带来危险。我不会在这里坐而论道,宣称所有的社交媒体一无是处。我小时候做过几次手术,手术留下的疤痕让我一度很不自信。社交媒体是第一个可以让我坦然面对伤疤的地方,在那之前我跟朋友们都没有说起过这事。在社交媒体上,我至少认识了十个关系亲密的朋友;也是在社交媒体上,我第一次发现了那些跟我十分相似的人!

社交媒体上，有像我一样的混血儿、有像我一样的胖子，甚至还有像我一样带着手术疤痕的人！但是，作为一个网络红人，我也见识过它黑暗的一面。我知道人们会有多么刻薄；知道有人给你留下可怕评论时的感受；还知道整天蹲守在屏幕前，不断地滚动信息、查看信息、玩乐、聊天、刷新内容是多么令人上瘾。因此，我想和你们谈谈如何安全地上网，如何在上网时保持最重要的界限。唾手可得的通信世界异彩纷呈，但重要的是要知道该如何安全地驾驭它，以及什么时候要适可而止。

我对你的私生活一点也不感兴趣！

接下来，我们要讨论一下应该允许谁进入自己的网络生活。也许你还没有开始使用社交媒体，尚未感觉到这一章内容的重要性，但这些常识普适于任何阶段——无论是你还不能独立使用手机的时候，还是你刚刚注册了第一个社交媒体的账户的时候，或者你已经是一个技术专家的时候！这里有很多关于网络世界的信息，未来你都能用得上，所以踏踏实实地继续看吧！（请记住，你必须要达到一定年龄才能使用社交媒体。这可能会令人沮丧，但这也是为了保护你。）

你在一生中会遇人无数，但你并不一定愿意跟所有人共度时光。就拿同学举例子吧。你在班里当然会有不少朋友，但并不是所有人都与你同样亲近。当来了新同学的时候，你的生活中就会多出一个你完全不了解的人。

如果有社交媒体的话，你可能会觉得应该把在现实生活中新认识的人也添加到自己的网络世界里。或者，如果有人添加或关注了你，你可能也会担心不关注他们是不是不够礼貌。但如果你这样操作的话，可能不知不觉中就会关注几百个甚至几千个人！

谁能够成为你社交媒体上的好友？

可以把社交媒体想象成你的家。你当然不会把家门钥匙随便给别人吧？你只会把它交给你信任的人，你相信他们不会随便滥用。如果你担心有人会到处窥探，甚至还会到处宣扬你的内衣抽屉里有什么，那你绝对不会把自己的家门钥匙给他。当然，你也不会把钥匙交给街上的陌生人。

当你想好奇地一探某人的生活，去看看认识之前他到底做过些什么的话，随手点击"关注"就好了。但请记住，了解朋友的生活固然令人兴奋，但他们也同样可以通过网络了解很多你的信息。我们需要考虑清楚到底想与谁分享个人信息。认识不久的人，也许还不能获得我们的信任。因此，在接受别人的好友请求之前，你应该停下来问问自己，是否想要让他们知道这些信息。

不用把每一个现实中的关系都复制到网上。

如果是以下这些情况，那么还是让他们做你的线下好友就好了，不用在网络里添加关注了：

- 他们发布的内容不利于你的心理健康（比如让你感觉自己的生活或外表不好）；
- 他们发布的内容并不吸引你；
- 他们经常刷屏；
- 他们从不发言，所以关注他们也毫无意义。

你也可以把自己的社交媒体账号想象成一个独家的超级派对，只有少数人才能受邀参加。你的粉丝就是VIP贵宾，只有最铁杆的人才能入选。点击"取消关注"和"免打扰"按钮，就像保镖拉起警戒线，拒绝某些人进入其中去看你那些令人惊叹的照片。

你可以在社交媒体上创建自己的邀请关注列表，就像开派对一样。以我自己的邀请列表为例：

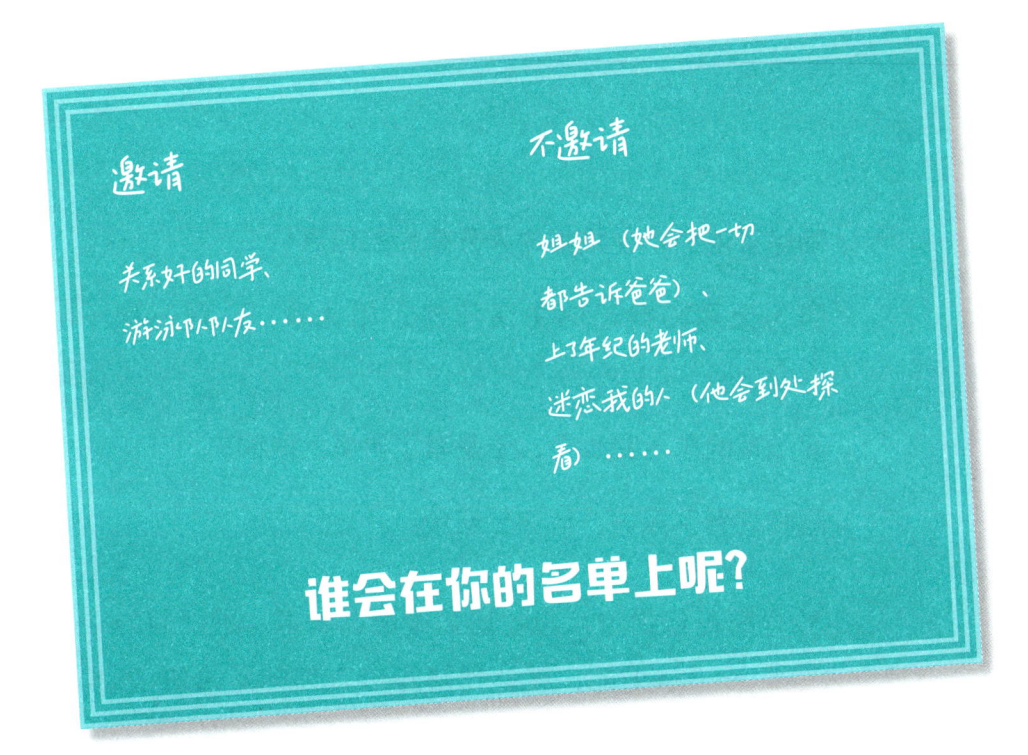

> 邀请
>
> 关系好的同学、
> 游泳队队友……
>
> 不邀请
>
> 姐姐（她会把一切都告诉爸爸）、上了年纪的老师、迷恋我的人（他会到处探看）……
>
> **谁会在你的名单上呢？**

拒绝别人访问你的网络主页或者选择让自己看到谁的主页，是需要设定的重要边界。如果你本来不想关注一个人，因为他让你觉得不舒服，可你又担心他们会不会因此觉得受伤或被冒犯就一直没有取消关注，那你实际上已经把他们的舒适感置于自己的感受之上了。你要牢牢记住一点：**你无法控制别人的感受。**照顾好自己和自己身边那些让你感到舒心的人和事，才是你的任务。

在失去一位线上的"朋友"时，你也可能会有所收获：

- 确保了他们不会跟其他人分享你的信息；
- 因为无需将自己的生活与他人相比较，从而感到安心；
- 要维系的东西变少了，于是有了更多的时间；
- 隐私受到了保护，让你更安全。

尽管之前已经说过，但我还要再强调一遍：不能因为某个人是你线下认识的，就让他随意进入你的网络生活。你的主页，由你做主——无需解释，无需分享，无需证明。

如果他们指责你，又该怎么办呢？把下面这句话收进锦囊吧：

"我正在调整我在网上关注的人，并不是针对你。我依然爱你，依然关心你，依然想和你做朋友。这只是意味着你可以在现实生活中亲口告诉我你的近况！"

这种做法对双方都适用。就像你取消对某人的关注并非针对他一样，如果有人取消了对你的关注，也是一样的。我们要允许每个人自由地决定想要关注谁。这跟你们的关系好坏无关，也跟你们的亲密程度无关。这是他们自己的事。边界对双方都有效。如果你希望别人尊重你将他们拒之门外的权利，那么，你也应该理解，自己有时也会处于受邀清单之外。

如果现实生活中有"免打扰"选项就好了！

如果对你来说，"取消关注"的做法仍然太过分，那么一个临时性的过渡解法就是使用"免打扰"选项。这意味着你仍在关注他们，但他们的故事和动态不会再出现在你的最新推送中。如果你特意进入他们的页面，仍然可以看到他们的信息，但他们并不会知道自己被屏蔽了。等你积蓄起足够的力量可以坦然面对的时候，再"取消关注"他们就好了。

但"免打扰"仍然不够，最后你还是要"取消关注"才可以，这一点至关重要。因为只有"取消关注"才具有象征意义。人们使用"免打扰"的唯一原因就是害怕面对对方的感受、意见或反应。而我们在上一章已经说过，我们并没有办法控制别人对我们的看法，只能选择对自己有利的事情。要想在生活中设定边界，我们就必须停止害怕别人对我们的看法或评价。

"免打扰"虽然设置了边界，却是偷偷摸摸地完成的。这种偷偷摸摸的方式在现实生活中是行不通的。那就请把

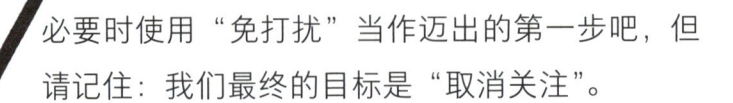

必要时使用"免打扰"当作迈出的第一步吧,但请记住:我们最终的目标是"取消关注"。

那是我个人的事!

最近,上网分享一切已成常态。人们恨不得把自己生活中的所有细枝末节都搬到网上,从早餐吃了什么,到最近一次上厕所!但如果你觉得"不,我不想让我的一举一动被所有人看到",也完全可以。

你可以说:

不,我不想出现在那张照片里。

不,我不喜欢这张照片,请不要把它发到网上。

不,你没有得到我的允许,请把那张照片撤下来。

在发布别人的照片或动态之前，一定要征求别人的同意，这非常重要。我自己就很不喜欢别人知道我的一举一动。你必须明确信息的边界在哪里。你的父母可能也会使用"查找朋友"或者"位置共享"这类应用程序，了解你在哪里，确保你的安全，但你的朋友对你的远程关注与此完全不同。这是绝对应该设定的边界！

制定自己的规则

要着手为自己的网络生活设定边界，可以从明确这些问题开始：

我想让谁访问我的网络主页？

我会因为什么开启"免打扰"？

我会因为什么"取消关注"？

我会因为什么"拉黑"别人?

以下是我的规则:

- **我想让谁访问我的网络主页?**

没有我的手机号码的人不能访问我的主页。你的社交媒体所包含的信息远远超过你的电话号码。有你的手机号码意味着别人可以给你发消息,甚至可以看到你在微信里的照片,但社交媒体包含的私人信息还要多得多,我并不想让每个人都知道。所以我的原则是:**如果连电话号码都不愿意给他,为什么还要给他更多呢?**

- **我会因为什么开启"免打扰"?**

如果我想暂时远离某个人一段时间,就会这么做。在新冠病毒流行时,我经常用到它。人们面对病毒的反应各式各样。有些人会选择把最新的骇人新闻发布到自己的网页上,但这对我毫无帮助。因为我坚信生活总会恢复正常,于是就通过"免打扰"把他们的账户暂时屏蔽起来,就像是从他们身边暂时离开,放了个短假。所以我对"免打扰"的使用规则是:**如果我需要远离某人清静一段时间,就把他的账户设为"免打扰"模式。**

- **我会因为什么"取消关注"?**

"度假"小憩之后,我们还是要回到正题。什么样的

"越界"会让我"取消关注"呢？对我来说，我不喜欢那些让我对自己的身材或长相感到自卑的帖子。我经过多年努力才喜欢上自己的身材，当然不愿意因为某些照片或对话的影响，从而对自己的身材产生负面印象。我也是花了很多年时间，才处理好食物和身体的关系，因此我必须尽我所能保护自己。

如果你不够谨慎，就很容易因为社交媒体影响心理健康。看到那些让你自我感觉不好的帖子，真的会改变你对自己的看法和感觉，所以如果某个人的帖子让你感觉很糟糕，这时候你要记得，社交媒体是你的派对，你可以化身保镖，随时把别人踢出去！写到这里，我"取消关注"的原则也呼之欲出了：**如果有人让我感觉不好，那就该"取消关注"了。**

- 我会因为什么"拉黑"别人？

最后，就是大大的"拉黑"按钮了。"拉黑"比"取消关注"更进一步，哪怕他们专门搜索，也完全看不到你的内容……所以如果你不想让某个人找到你，这个按钮会让你特别安全，就好像你隐身了一样。我使用"拉黑"按钮有三个目的：

1) 不再见到在我的网页上出言不逊的人。

我有二十多万粉丝，难免有个别人觉得在网络上可以肆无忌惮地口出恶言。如果你在我的页面上出言不逊，那你就不配看到我的内容。我支持健康的讨论，但如果你关注我又对我发表暴论，那就不公平了，这不是我生活中需要的能量。

2) 帮助我从旧的关系中走出来。

当你结束与某人的关系时，不管你们是普通朋友还是男女朋友，这也意味着你应该把对方从你的网络上删除。否则，这段过程可能会让你更加痛苦。你可能会在看到他们幸福的照片时感到悲伤并为自己的决定后悔。你已经下定决心认定这样对自己更好，就不要为此而折磨自己！

3) 当我控制不了在平台上看到的内容时。

比如抖音上的"推荐"页面。由于我无法控制接下来会看到什么，所以如果我看到了我不喜欢的内容，就会点击"不感兴趣"。如果这个人再次出现在我的页面上，内容也让我不感兴趣，我就会"拉黑"他。

不过，这些只是我的规则，你的可以不一样。这就是边界的妙处：每个人都可以自行决定自己的边界！找一张纸，像我一样画出三个方框，在里面填上人们会引发你"免打扰"、"取消关注"和"拉黑"的行为的事情。

| 如果……
我就会开启
"免打扰" | 如果……
我就会
"取消关注" | 如果……
我就会
"拉黑" |

安全比受欢迎重要

我们已经对限制哪些朋友、同学，甚至是朋友的朋友访问你的主页说了不少，但是陌生人又不一样。面对陌生人，你有权保护自己的隐私。这是什么意思呢？

隐私权：保护个人信息安全的权利。

对陌生人，这一点尤其重要，当然也包括互联网上的陌生人。记住：人们并不总是如他们所说的那样。如果一个你不认识的人问了你很多涉及隐私的问题，那么你需要大声并且明确地向他们说"不"。拒绝接触任何你在现实生活中不认识的人。事实上，如果有人在网上向你询问私人信息，哪怕是朋友的账号发来的，你也要格外小心。你永远不知道屏幕另一端是谁在打字。

以下是绝对不能在互联网上告诉陌生人的:

- 你的电话号码;

- 你的家庭住址;

- 你的全名、出生日期或其他个人详细信息;

- 你的准确位置。

如果你和对方在线下就认识，那么你可以当面告诉他你的信息，所以他没有理由通过网络向你索要。如果你被要求提供个人信息，你可以说："**不，我不在网上分享这些东西。**"或者："**不，我不在网上和陌生人说话，所以我现在要拉黑你。**"

如果他们再三追问，就去告诉大人——大人会很高兴，也愿意帮助你。

你的定位也是隐私。如果你想在网上发布照片，请在离开该地后再发。例如，你拍了一张午餐的照片并想标注餐厅位置，当然可以，但只能在离开之后再做。在你发布照片的瞬间，很容易忽视照片同时附带了很多信息，可能会被危险分子利用。你可能在无意中让别人看到了你的学校、居住地以及周末在哪里玩。这些都是网络上的陌生人**绝不**应该拥有的信息！

现在我们有大量时间都在电子世界中度过，因此在上网时也同样应该坚守你自己的边界！你的所见所闻会影响你的所思所想。调整你关注的人和内容，对保护你的安全、幸福和心理健康非常重要。无论你要把社交媒体看作是自己的家还是专属俱乐部，重点都是一样的——应该由**你**来决定谁去谁留。就像边界是你在现实世界中的无形盾牌一样，"免打扰"、"取消关注"和"拉黑"功能就是你在网上的盾牌。

离开网络，
才能迎接更广阔的世界

　　社交媒体往往会让你感觉自己的生活不够好。在手机上花费太多时间会让你非常不开心，这些应用程序会不断地让我们焦虑会不会错过更新或者不断地暗暗比较。为什么这些小小的设备主宰了我们这么多人的生活？我们需要夺回控制权！

　　智能手机创造了"飞行模式"和"静音"的选项，已经让永不关机变得越来越普遍。我们在晚上或电影院里都不再关机，只是把手机调成静音模式而已，但这是两码事。不关闭手机，你就永远无法从精神上摆脱它。以前我上学的时候，如果想给朋友打电话必须用座机，还得等到回家后才行。有时他们的父母会先接起电话，我在跟朋友聊天之前，还要和他们的父母有一段拘谨又尴尬的对话。只有等到回家之后才能通话，意味着至少在学校的时候，我和电话之间有很远的物理和心理距离，这确实有助于我集中注意力。那时候，你也不能用手机干别的：不能玩游戏、不能发消息、不能拍照！

　　中学时，我在一所寄宿学校就读。学校规定我们每晚必须关闭手机并上交，到早餐后才能取回。当时我很讨厌这样做，那会儿我还没有意识到，我的大脑会因为没有手机而受益匪浅。

你知道吗？屏幕发出的蓝光会让人更难入睡。它会让你的身体不再分泌褪黑素——这是一种帮助你入睡的激素。这还没算上我们因为无休止地刷屏而耽误的睡眠时间。毕竟，你得先闭上眼睛才能入睡！

那么,我们要怎么对手机说"不"呢?我们怎样才能让拇指缓一缓,让大脑休息一下,给手机一个急需的假期呢?

- 拒绝不断的打扰!

- 拒绝对所有消息立即回应!

- 拒绝 24 小时待命!

- 拒绝每天数小时的浏览和刷新!

听着,我很早就认为手机和技术可以带来很多好处,比如可以帮助你在迷路时找到路,迟到时可以告知别人,可以跟在地球另一端的朋友保持联系。但重要的是,你要知道何时适可而止。

出现以下情况你就要进行数字排毒了：

漫无目的地在眼花缭乱的应用程序之间来回滚动刷屏。

刷完了所有信息源，也看不到什么新内容了。

你看到的照片、动态或者视频，都让你觉得自己很糟糕，让你希望自己是另一个人。

看完了别人的故事，让你觉得自己的生活如此乏味。

一想到要关机一个小时，就会焦虑不安。

早上一睁眼就看手机，晚上睡觉之前还是看手机。

  如果你有这些经历，那么就需要远离手机一段时间了。你的第一个挑战是坚持一个小时，向自己证明不会有任何可怕的事情发生。在这期间，你不用接电话，也不用回消息。当我们花太多时间在手机上时，很容易认为每件事都很重要、很紧急。但实际上并没有多少事情是重要的！有时我们喜欢告诉自己，生活中有人需要我们。但除非某些特殊的日子确实有要你知道的非常严重或重要的事情，否则你都可以放心：就一个小时，没有你，大家也都能活下来。

我们的目标是努力做到一整天都不玩手机。我这么说，并不是因为你应该这么做或者这么做有好处，而是因为你可能会发现，休息的时候可能会更快乐。因为我发现自己就是这样！

飞行模式——不要再开小差了！

飞行模式本来是为了能在飞机上使用手机而开发的一种设置，但实际用途远不止于此！它可以让手机断开网络、通话和工作消息，但仍然可以访问音乐、图片、有声读物等所有你保存在手机上可以离线使用的内容。实际上，它是我最喜欢使用的功能之一！你有没有发现，每当你想要拿起一本好书时，眼角的余光就会刚好瞥见旁边的手机。那么当你坐下来准备做作业的时候呢？亮起来的黑色屏幕真是诱惑人啊！除非我的手机处于飞行模式，否则我永远也读不完一本书，这真是扎心的事实！

我学到的一件事是，每天都应留出一段时间让手机处于飞行模式。有时，我会放着音乐去散步或者洗澡，让我的大脑从无休止的滚屏和比较中得到急需的喘息。

在飞行模式之外，你还可以给不同的人设置不同的访问权限，把联系控制在更小的范围内。很多人都不知道，手机或是社交媒体都可以帮助你悄然完成这些设置。比如：

- 给个别几个人权限，让他们可以在你的手机处于"请勿打扰"状态时也联系得上你——这意味着只有最重要的人可以随时与你联系，他们可以是你的父母，也可以是你最好的朋友。

- 如果不想收到某些人或群聊的消息，可以修改手机设置，禁止一些应用程序的通知显示到屏幕上。

- 为某些应用程序设置屏幕时间的限制。当你在该应用上停留的时间用完了之后，就会弹出一条信息提醒。

有很多选择可以帮助你平衡与手机的关系。

抬起头来，别错过鲜活的生活

在建立起与手机的边界，拉开跟社交媒体的距离之后，我惊喜地发现：我对**现实生活**的关注被手机分掉了太多！

你有没有发现，自己曾经在谈话时因为惦记着看一眼别人的网页而错过了部分内容？一个人的时候你翻看手机还无所谓，但如果当时周围还有其他人，那你总会错过一些有趣的体验和对话。

与手机划清边界，也让我认识到不去记录一切的价值。我因为工作的原因，需要在社交媒体上发布信息，这也让我逐渐在网上拥有了影响力。但在成为网络红人四年以后，我在姐姐的婚礼上被自己吓了一跳。当时，我一直忙着在用手机记录婚礼的点点滴滴，却对照片和视频没拍到的部分毫无印象。这是我和家人生命中最激动人心的一天！但我最终竟然是通过屏幕经历的。从那天起，我下定决心要活在当下。是的，我可以偶尔拍个照片甚至是视频，但随后就会快速把手机收起来！这样做让我的谈话更精彩，让我的记忆更充实，也让我的日子更有趣了。

请你扪心自问：

- 你是否曾因为目不转睛地盯着屏幕而错过了整场谈话？

- 你是否曾经因为花了太多时间自拍，而忘记与朋友好好叙旧？

- 你是否曾经因为想知道别人在做什么去浏览社交媒体，而不能专注于自己正在享受的乐趣？

如果答案是肯定的，那么你就需要重新考虑你使用手机的方式和时间了。

圣诞挑战

每过一段时间就检查一下自己使用屏幕的时间，这很重要。我知道家长们都在抱怨这个问题，但他们自己也好不到哪里去……无论年龄大小，每个人都应该评估一下使用屏幕多长时间才是健康的。你不用等着父母来管，你需要自己制定规则。

敢不敢接受一个挑战，在圣诞假期关闭手机？我每年都这么做，咱们可以一起来！几个小时或者一整天都可以，但我打算试一周，看看感觉如何。这可能会是我们送给自己的最好礼物。这个礼物会给你的大脑放假，让你的大脑得到解放，不用比较，不用殚精竭虑，也不会觉得你得随时分享你生活中的一切！

12月26日好开

当使用屏幕的时间减少之后，你甚至有可能会发现新的爱好。你会去寻找其他的娱乐方式，意识到自己之前竟然真的浪费了那么多时间刷屏。更妙的是，当你再拿回手机之后，之前常常影响你的事情也没那么让你困扰了。远离手机的时间创造了情感距离，让你意识到现实世界比网络世界要广阔得多。

我们不能让这些闪闪发亮的黑色屏幕主宰我们的生活和感受。设定使用手机的边界，能让我们感觉更快乐、睡得更香、也更自信。所以，下次当你手机玩到一半感觉不对的时候，我希望你能停下来，放下手机，干点别的，什么都行！

这里有一些点子：

- 完成十次跳绳。
- 放一首你最喜欢的歌，等结束之后再用手机！
- 做点吃的喝的，做完之前别拿起手机。

不要一直盯着屏幕等别人回复

你有没有过这样的经历：发送消息之后便急切地想得到回复，于是就紧紧地盯着屏幕，看对方有没有收到、有没有回复？有些社交软件会用一个灰色的"√"表示已发送，用两个灰色的"√"表示已送达，最后"√"变成蓝色表示对方已阅读。

如果蓝色"√"没有出现，你就会想去看看他们现在在不在线，最后一次在线是什么时候（有些应用程序会显示）。这实在太折磨人了！

你没准也正受社交媒体的折磨：你不断想向上滑动自己的照片，看看又增加了多少看过的名字，都有谁看过了，多快就看到了？

我们浪费了大量时间去刷新这些应用程序，担心别人是不是忽略了我们，焦虑他们是不是看得走心，还是只不过在上厕所时瞟了一眼。这对我们的心理健康实在有害。怎样才能不再纠结呢？

第一个诀窍是记住世界并不围着我们转。别人的沉默不一定是在针对我们，他们可能只是没有拿着手机——尽管我知道这种情况并不多。虽然我们很容易浮想联翩，猜想会不会是他们在暗暗地生自己的气，但仍有很多其他可能。也许他们和父母在一起？也许他们在看电影？也许他们在午睡？当你的大脑一下子就跳到最坏的可能时，试着在所有没有回复的可能性中查找一下有没有其他更可能的原因。

每个人处理手机消息的方式迥然不同，有些人电话响一声就接，有些人则反应迟钝得像是没有手机。如果你觉得别人不回消息让自己很头疼，该怎么办呢？

如果你真的觉得别人忽视了你，那么可以礼貌地要求对方回复：

"我不知道你是否看到了我的上一条信息，如果能给我回信就太好了！"

如果有人的反应不如预期，可以告诉他：

"我们没怎么发消息了，我很想你。我们能不能尽快聚聚？"

如果你担心他们在生你的气，那就直接问他们：

"你最近有点反常，我想知道你还好吗？"

你的手机不能成为你的主宰，

同样地，你也不应该让其他人使用手机的方式主宰你。

和我待在一起吧，今天你跑不掉了！

你需要弄清楚自己的边界是什么，什么才适合你。你仅仅是发出去了一条消息而已，不一定能立刻得到回复。如果能理解这一点的话，说明你有一个良好的边界。我相信你也有很多次忙着干别的而没来得及回消息，但当别人也这样做时，你就会认为他们生你的气了！

我的一个朋友曾经因为我"忽略"了她的信息而非常恼火，当我解释说我当时正忙着时，她说她能看到我当时在线！但我当时只是要上线联系某一个要见的人而已，没来得及回复任何人消息，不仅仅是她的！这种沉默不是针对某个人的。你能理解吗？

世界不是围着你转的。

设定好边界后，你就不会那么执着于别人回复你的速度了。你也会记住这一点：

你是做决定的人！

- 如果你发现自己会盯着看灰色的"√"是否变成蓝色，你可以通过设置把它关掉。这样，标记会一直保持灰色，你就不会再担心它有没有变颜色了。

- 如果你不想让别人知道你是否登录，可以进入隐私设置，关闭情况显示。

- 如果你发现自己会执着于查看某人最后一次的在线时间时，可以设置关闭这个查看功能！这样，别人就看不到你最后一次在线的时间，你也看不到别人最后一次在线的时间了。

- 不要在意别人是否在线。

- 不要在意信息是不是已阅读。

- 不要一直守着手机而忘记真实的生活。

你对
某人
很重要！

一个残酷的事实是，每个人都有自己的优先顺序，总有一些人会更快得到回复。但最奇怪的一点是：当我们在别人的排序中靠后的时候，立刻就会警觉起来；尽管愿意把我们看得最重的人在这个世界上为数不少，但我们却对这一点往往忽视不见，也并不因此感激他们。

让我们改变这种心态吧，让我们想想那些**实实在在地**把我们放在第一位的人吧。

谁是能让你**最快乐**的人？他们如何让你感受到**被爱**的感觉？

在这个世界上，有很多关心你的人，有时你很容易忽略他们。当你下次见到他们时，不妨告诉他们你有多感激他们，也感谢他们对你的关心始终如一。一点感激就会大有裨益。

"赞"不等于受欢迎！

正如我们已经说过的，社交媒体会让你的自我评价降低。无论你的帖子有多少"赞"，无论与朋友相比你已经有了多少粉丝，社交媒体总会让你觉得自己不受欢迎、被爱得不够或者还不够好。我知道社交媒体有时感觉像是一场人气竞赛，但数字并不是衡量价值的方式。

- 如果你觉得别人的照片比你好看，记住：可能也有人会这么看待你的照片。

- 如果你看到别人的帖子，觉得他们似乎更快乐，同样地，可能也有人这么看待你。

- 如果你看到某个人的粉丝数量，就认为他比你更受欢迎，也许别人也会这么看你。

你应该能够看清这一点，因为你正是这么做的：只在社交媒体上展示一半的生活。当我发现爸爸得了癌症的时候，当我最好的朋友和我闹翻时，我都在网上发布了一张开心微笑的照片。

在网上，我分享的是伤疤，而不是伤口

如果在生活中受到了伤害，我并不会总想着在网上分享所有感受，还满世界地展示伤口。我会好好地保护伤口。一旦伤口愈合结痂，它就有了一层保护层，不再像刚受创的时候那么疼了。这时候，我就可以把它告诉别人了。比如，如果我刚和朋友吵了一架，还很生气，这时社交媒体就不是个好去处。如果我与所有人分享争吵的细节，情况只会更糟糕！不过，一旦我解决了分歧，就可以安全地回

到社交媒体上了。等待伤口愈合,既能保护我自己,也能保护我们的友谊。

在我十几岁的时候,总是以为足够的人气会帮助我梦想成真,那些无论是在学校还是在网上受欢迎的人一定都拥有最美好的生活。直到有一天,一个在学校里广受欢迎的女孩可能因为没有在食堂看到其他同年级的同学,就坐在了我旁边,跟我共进午餐。聊了不一会儿,我就发现,她除了比我受欢迎得多,其他方面跟我也没什么两样。她也一样被功课、友情和其他所有那些我担心的事情所困扰。和她的谈话让我意识到,做一个"酷孩子"并没有看起来那么美。这次短暂的聊天反而激发出我对朋友的感激之情。网络世界也是一样。涨粉很高兴,但拥有大量粉丝的人和你我并没有什么区别。他们也有自己的问题,虽然他们没有在网上表现出来。"赞"什么都不是。身边的朋友、真实的世界和真正的经历,才是欢乐之源。

无论是在网上走红、获得最多的赞、还是获得最多的粉丝,所有这些都是过眼云烟,靠不住的!它们只能带给你"外部肯定",这意味着你的幸福感来自外部,会被别人牵着鼻子走。我们更需要的是由内心产生的、不会被夺走的"内心肯定"!想要一些吗?让我告诉你怎么做!

当你在生活中取得重大胜利时：

- 外部肯定是在社交媒体上发布一张照片，然后等着点赞蜂拥而至。
- 内心肯定是告诉自己："哇，我真为自己感到骄傲，我太了不起了！"

当你的朋友觉得你的穿搭很奇怪时：

- 外部肯定是换一身衣服，问他们这样是不是更好一些。
- 内心肯定是直接说："好吧，我喜欢就行。"

当你在社交媒体上的照片没有人点赞时：

- 外部肯定是删除图片，祈祷没有人发现这张照片没有"赞"。
- 内心肯定会这样：你发布照片是因为它让你开心。

内心的肯定，意味着你知道自己的意见比别人的更重要。你已经足够好了，不需要通过回复、"赞"和粉丝来确认。建立自尊是需要**你自己来完成**的工作！

你不需要非此即彼，为了享受内心肯定而放弃外部肯定。寻求外部肯定也不是坏事，只是不要依赖它。来自内心的美好感觉是如此重要。所以私下里享受你的胜利、成功和快乐时光吧。认识到无需他人认可，你也可以为自己感到骄傲。然后再与全世界分享你的好消息！

当我们知道外部肯定和内心肯定之间的区别后，就更容易意识到自己什么时候会拿起手机来寻求验证。意识到这一点，可以帮助我们与手机建立起健康的边界，让我们感觉到幸福、自信、精力充沛、开心快乐！

设定手机使用边界的十条原则

1. 你可以对任何你想屏蔽的人"取消关注"、开启"免打扰"功能或者"拉黑"他。

2. 你不必非得跟着别人一起用社交媒体。

3. 记住：离开网络，有更广阔的世界。

4. 当社交媒体让你感觉不适时，请远离它。

5. 不要在互联网上向不认识的人暴露个人隐私。

6. 发布他人照片前应征得同意。

7. 对进入你的社交媒体网络的人有所选择。

8. 看到消息不必立即回复。

9. 当面不能说的话，也不要在网上说。

10. 记住：网上看到的并非都是真实的。

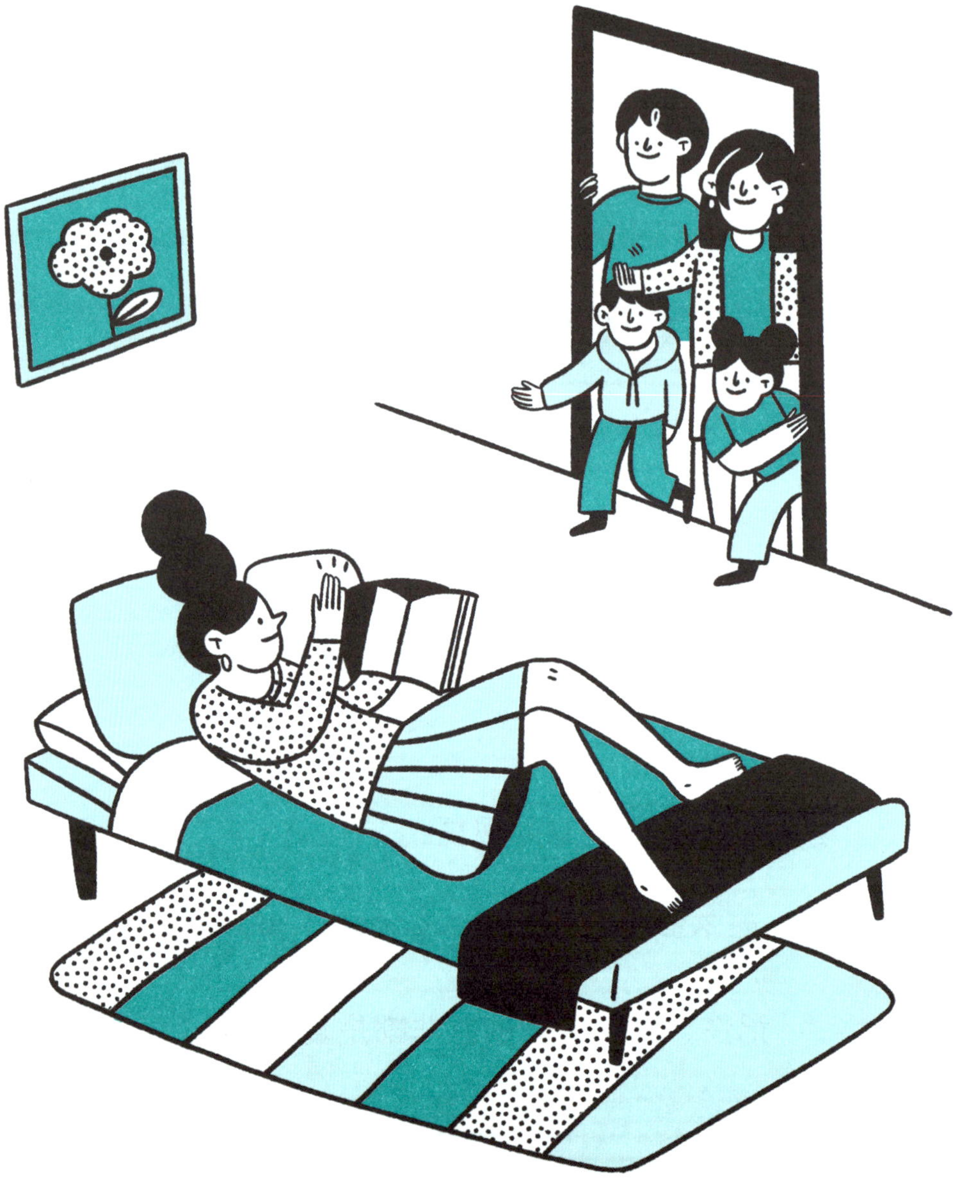

第 3 章

对家人说"不"

- 如何要求兄弟姐妹必须经过我同意才可以进入我的房间?
- 如果父母让我在他们的争吵中选边站队,我该怎么办?
- 为什么我的兄弟姐妹总是私自拿走我的东西?
- 如何让父母尊重我的隐私?
- 如果父母说"这是我的房子,得听我的规矩",我该怎么办?
- 为什么我家不像别人家那么正常?

到这里才开始写这部分内容，就是为了把它藏得深一些，免得被你的父母或看护人看到。我肯定他们不乐意让你知道：你也可以对家人说"不"！但是，与家人划清边界非常重要。如果别人做的一些事情让你无法接受，就不要纵容忍让！不能因为他们是你的亲戚，就让他们为所欲为。想要与家人划清界限，有时确实很难。他们和你认识的时间最长，熟得不能再熟。但随着你作为一个独立个体不断成长、变化和发展，你理应有权制定一些让自己感到舒适的规则。别误会我的意思：虽然听起来很烦人，但父母是照顾我们的人，即使我们与他们意见相左，他们通

常也会以我们的利益为重。"不"之所以拥有力量，既是因为我们知道什么时候该说"不"，也因为我们清楚什么时候该听别人说"不"。毕竟，如果我们希望别人接受我们设定的边界，那么当别人设定与我们的边界时，我们也理应倾听。

在开始本章之前，有必要提前说明一点：家庭的形态和规模各异。你家里可能有爸爸妈妈、有兄弟姐妹，也可能没有兄弟姐妹，或者有二十五个兄弟姐妹；或者你父母离异，又有了继父继母；或者你是由祖父母而不是父母抚养长大的；也没准你有养父母、照顾者或监护人。每个家庭的差异都是合理的，没有哪种更好，也没有哪种更差。

兄弟姐妹是不请自来的室友

有些人很幸运，跟兄弟姐妹的关系很好，就像是自来熟的好朋友。但有些人跟兄弟姐妹的关系却很糟，对他们来说，兄弟姐妹更像是不请自来的室友，总会用特有的方式激怒他们，这是朋友做不到的。这都正常，因为家庭关系是复杂多样的！有些人只跟自己某一个兄弟姐妹关系很好，和其他人并不亲密；还有些人是独生子女，根本没有兄弟姐妹。

不管你的好恶如何，兄弟姐妹都能帮助你锻炼说"不"的能力，因为他们总是在不断试探——这一点毋庸讳言。家人对我们了解至深，已经形成了固有的认识和预期，这会让你们很容易陷入固定的交往模式。比如哪怕弟弟妹妹已经**显而易见地**长大了，但哥哥姐姐们还总是会把他们当成婴儿看待，这就会让人感到特别沮丧。不过，既然你已经拥有了说"不"的超能力，也有了永远值得信赖的边界这个隐形盾牌，那么一切都会改变的！现在，我们为你制订了远大的梦想和计划。没有什么能打败你——即使是兄弟姐妹们的超级诡计！

兄弟姐妹有一种独特的超能力，就是他们总能以一种别人难以企及的方式扰动你的心神。你知道那种上了发条就能动的玩具吗？所有兄弟姐妹都知道：人类跟这种玩具一样，好像我们身上的某处也有个"上发条"的按钮——兄弟姐妹们总能准确地找到这里，按了又按，按个不停，然后你不由自主地一发火，就上钩了，他们就赢了！他们让你坐卧不安，你又气又恼、不住地尖叫，而他们却大笑不止。现在，谁会有麻烦呢？当然是你！这不公平！

如果大人有万能上帝视角就好了，这样他们就可以知道什么时候该插手干预。但如果你的兄弟姐妹特别狡猾，他们就会设法逃脱而不被抓住。不过你知道吗？你不必等大人来。现在你长大了，已经有了力量和自信，可以自己划定边界。你可以为自己而战，你可以对兄弟姐妹喊停，你可以说"不"。

不许在我的房间里放屁！

你心里清楚，如果在学校惹了麻烦肯定会受罚——也许是留堂，也许是罚写作业。这就是后果。当然有时候，后果也可能是好的，比如你表现好的时候会得到赞美、表扬甚至奖励。这种方式对维护边界同样适用。当你与你的兄弟姐妹设定边界时，如果他们不停越界，你就可以设定一个后果。例如，要是你的妹妹一直在你的房间里放屁（我们都有过这种经历），你可以对她说："如果我在你的房间里放屁，你肯定不乐意，那你也不要在我这里放屁。如果你还要在我的房间里放屁，就出去吧！"

如果他们拒不悔改，你可以采取"强化边界"的方法。想象一下，你在拔河比赛中落败时会怎么办？你会叫来更多的人增援，让他们站在你身后一起使劲。"强化边界"的逻辑是一样的，只不过这次不是要找人来，而是通过不断重复自己的话、不断坚持自己的观点来强化边界。这样，他们就会知道**你是认真的**。

当你第一次建立边界时，你的老朋友们可能会感到震惊和意外。他们这时候还不适应这个全新的你！他们甚至不确定你会不会保持这种新状态。当你强化边界时，就是在让自己的护盾不断加强。你每一次重复自己说过的话时都是在强调："我的边界一直存在！你最好习惯它！"

想要强化边界，你可以试着说：

"我已经跟你说过一次了，现在我要再说一遍。如果你再在我房间里放屁，我就要把你锁在外面了。"

这时你可能会得到这样的回复：

"你也太敏感了！"

"你没有一点幽默感！"

"你得开得起玩笑！"

嗯，你还不算太敏感。

你确实很有幽默感。

你知道怎么开玩笑……在你觉得有趣的时候!

你的兄弟姐妹之所以会这么说，是因为他们和大多数人一样，在被制止的时候并不会表达自己的真实感受。于是，他们就用这种毫无同情心的攻击性言论来发泄自己的挫败感和负罪感。

但请记住，不管是他们在你的房间里放屁，还是他们发表了恶毒的评论，只要他们的行为让你感到不快和受伤，那么你的做法就是合理的。哪怕他们是无意的，哪怕惹你生气的只是些鸡毛蒜皮的小事——兄弟姐妹之间的争吵往往就是这样——但如果他们关心你,那么当你告诉他们你不开心时,他们也应该照顾到你的感受。无论你是否得到了道歉,我都希望你发自肺腑地认可自己的做法是正确的。有些言行就是会让你感到不舒服,你完全可以认可这种感觉。你的**感受至关重要**!

当你捍卫自己的感受,对刻薄的人说"不",并为自己应该得到的待遇建立边界时,你就会增强自己的自信和自尊。当你相信自己值得被善待时,也就更容易善待自己了!

尊重:了解它对自己意味着什么

你可以搜索一下艾瑞莎·富兰克林(ARETHA FRANKLIN)的歌曲《尊重》(*RESPECT*)。这是你的边界之歌。当你站出来为自己说"不"时,让它在你耳边响起。边界表达的是尊重。你值得被尊重,这意味着你也必须尊重他人。尊重是双向的。

我们与成人世界的关系是复杂多样的。有些人的父母或看护人非常慈爱,愿意为他们做任何事。而对另一些人来说,照顾他们的人可能相当严厉,会用其他方式表达爱

尊重

意。有些成年人希望掌握孩子的一切，确保他们万无一失。有的人则希望孩子更加独立，因为他们认为孩子必须自己从教训中学习。

你与父母或看护人的关系可能跟你朋友不同，但这并不意味着你家怪异，或他家正常。每个家庭都有各自的规则，看待世界的方式也各有差异。有些人可能会说，父母值得尊重是因为他们是父母；但事实上并非如此，他们受到尊重是因为我们具有**人性**！

在我成长的过程中，我总是被告知应该"尊敬长辈"，哪怕是比我大不到一岁的哥哥（具体而言是 362 天），也会被说成是长辈，我必须尊重他。现在我长大了，终于可以认可他们的结论；但必须补充的是，我应该尊重他是因为**每个人都值得尊重**，而不是因为他年龄更大。尊重一个人，跟他的年纪大小、跟你对他的喜爱或憎恶程度无关，甚至与你是否认识他也无关！尊重一个人并不意味着你必须喜欢他，而意味着你以希望你被尊重的方式来对待他。

当关乎你的家庭时，这意味着：

- 你们可以和平共处，哪怕你有时也希望能独处。
- 在心里不痛快的时候，也保持礼貌。
- 明白房子里的公共空间是大家公用的，要把自己的

东西放好。

与父母同住,有时很麻烦。你是不是也被别人说过把家里当成旅馆?我们不都是这样被说吗?当我意识到我可以按照在朋友家的行事方式与家人共处之后,才彻底改变了我和父母的关系,也摆脱了被他们用这句话逼疯的折磨。是的,在自己家里确实很容易懒散,习惯于像小时候一样由父母照顾和代劳。但是现在你长大了,就要换一种方式。

我的想法很简单:如果我希望别人把我当大人对待,那我就得表现得像个大人!在朋友家吃晚饭的时候,我会在饭前主动帮忙准备餐具,饭后把盘子端到厨房。如果我在朋友家打翻了饮料,我也会去拿抹布擦干净,而不是用脚蹭干净。可能很多人都得承认,我们在自己家里的举止并没有在朋友家那么好。

尊重是赢得尊重的一种方式。

也许你会觉得尊重这个词听起来老气横秋，但意识到"己所不欲，勿施于人"，是成长的重要一环；把尊重放在心头，是形成重要边界的第一步。

不用非得去太空里才能获得私人空间！

别误会我的意思：我充分理解与家人一起立规矩的难度。我在前面就已经说过，这一点在你这样的年龄尤其困难，因为你总是被告知要尊重别人，但有时却感觉没人给你一点尊重！没有什么比听到"你还太小不懂事"更糟糕的了，这说法可真是粗鲁！还有"我的房子，我做主"，或者那句经典的"只要你还跟我住在一起……"以及"我说的就得听"——我可真想翻个白眼。你应该得到尊重。但我们无法控制别人的行为，我们唯一能控制的就是自己的行为。当然，我明白，受到挑衅时，我们确实很难控制自己的行为。

发生激烈的争吵时，我经常会百感交集，但这些感受又很模糊，很难清晰地表达出来，然后我往往就口不择言……这时候说出来的通常都不是什么好话。归根结底，我只是在努力地把自己很脆弱的真情实感表达出来。这种感觉非常可怕，跟梦见自己赤身裸体地出现在学校一样恐

我在
这里。

怖！或者说，我觉得自己真的被围攻了。如果感觉自己受到了攻击，我们就会理所当然地进入防御模式。除了这种应激反应以外，还有什么好办法呢？

要求空间

你可以这样说："已经说太多了，我要回房间休息五分钟，等我下来再继续好吗？"或者："我需要暂停一下。""稍等，我要去喘口气，等我准备好了再告诉你。"然后你就可以回自己的房间了。如果你像我一样，可能就会以大哭一场告终。当情绪非常激动时，最好的发泄方式就是让眼泪流出来。我几乎每周都会哭一次。

对另外一些人来说，出去走走比回房间更为惬意。有些人则喜欢听着激烈的音乐，抱着枕头痛哭。你需要找到自己喜欢的宣泄方式。争吵就像是一个在你心里吹起的热气球，当你有了需要的空间时，你就可以在它**爆炸**之前提前放气。

当你准备好了之后，你们可以重新开始谈话。你只需要说：

- "我准备好了，现在可以聊一聊了！"
- "我想了一下，我觉得……"

- "我们能回到刚才的话题吗？"

谈话的结果并不重要，能够抽离出来照顾自己的感受，已经是一件足以令人自豪的事情。暂停的时间带来了机会，可以让你们在家中尊重彼此的边界，进行更有成效的对话。

如果每个人的想法都一样，这个世界该多无聊啊！

有些年纪大的人会认为自己吃过的盐比你吃过的饭还多，所以更有发言权。但他们不过是生活的时间更长，有更多的生活经验而已。我坚信"三人行，必有我师"，每个人的头脑都各有千秋。在你逐渐成长的过程中，父母或看护人可能还没有意识到你已经是一个独立的个体，会有与他们不同的想法和信仰。因此，在适当的时候提醒他们，你已经长大了，能够就某些事情做出自己的决定，会对他们有所帮助。

但这并不意味着断绝他们所有的帮助。你可能会觉得自己已经无所不知了，而且你也确实比以前知道得多得多，但是你的大脑仍在发育中。父母或照护者会在你了解世界的过程中继续帮助你。听取他们的意见很重要，因为他们的做事方式有时更稳妥……即使你不愿承认！使用"不"这个字的关键在于：知道什么时候该听父母的"不"，什么时候该使用自己的"不"。

大多数时候，大人们真的是在为你着想。所以如果你想让他们听你说话，你也必须听他们把话说完。他们为什么要拒绝你？是不是因为在担心你的安全？相信我，大多数父母都不想成为派对的扫兴者，但是为你的安全担忧这种无聊的事情恰恰是他们的职责，这样你就可以专注于玩乐了——这就是你们有时会发生冲突的根本原因。你可能看不到玩乐中的危险，但庆幸的是，他们看到了！虽然这让我们有时觉得很烦人，但必须承认：他们能看得更全面，也会抓住重点。我们都需要把这一点牢牢地记在心里——这话也是对我自己说的。

听取他们意见的恰当时机:

- 当你可能面临危险的时候；
- 当你需要准时到达某个地方的时候；
- 当某些事情关系到你的健康或幸福的时候；
- 当你可能伤害别人的时候；
- 当他们就自己更了解的事情向你提供建议的时候；
- 当他们要求你尊重他们的时候。

如果我们能倾听别人的意见，同时别人也倾听我们的意见，我们就都感到了尊重，也都意识到了对方的底线——这就是双赢的理想世界。别人的"不"和你的"不"同样重要。他们也有自己的底线，我们要确保我们对待他们的方式跟我们希望别人对待我们的方式一样！

但是，如果你现在不想听父母的"不"呢？

这种情况确实会发生，不用担心，你们只需要好好谈谈，请他们向你解释拒绝的理由。告诉他们，你很想知道原因。你可能会发现，即使他们提出的理由你并不喜欢，但也是有道理的。有时候，我们太专注于自己想要的东西了，以至于看不到更广阔的图景，不知道为什么我们不能随心所欲地做自己想做的事。即使是拥有自由的成年人，也很少能做到这一点！这么说是不是会让你感觉好一些？你能想象，如果你的老师们仅仅因为自己的喜好就穿着睡衣来上课吗？恐怕没人愿意看到这种场面吧。

有的时候，你可能会因为某些事情特别重要，于是想要全力争取。你现在正处于最不被父母或看护人理解的年龄——他们可能还在把你当成几年前的孩子，而没有意识到你的喜好和关注点已经变了。但好消息是，边界并不是必须先被理解然后才能被尊重。

比方说，你的妈妈可能永远搞不明白，你为什么会对她移动了你房间里的东西而暴跳如雷，她也许永远不明白你为什么要把东西放在某个特定的地方。但她并不需要知道为什么，她只需要知道这对你来说很重要——这个理由就足够了。

很多次，我都希望能重新回到儿时，向妈妈解释清楚：

"这对我很重要。你不必明白为什么，但请不要这样做。"

或者：

"我的做事方式可能与你不同，但只要没有人受到伤害，那就没关系。"

这样做可以省去很多争吵和眼泪！当然，我也不是生活在梦幻乐园中。我很清楚，家庭对话并不能解决所有问题。这可能真的令人沮丧。但是当家人之间有着不同的规则时，有时就会感觉很不公平。如果有人拒绝和你谈论这个问题，也是不公平的。你的家人可能并不总能站在你的角度看待事情，他们甚至可能都没有为此而努力，但这不是你的错。只要你尽力保持公平和尊重，你的意图就是善意的！尽管让你在感到不被尊重时还要保持对别人的尊重，真的很难，但重要的是，你要一直保持对别人的尊重。这不是为了他们，而是为了你自己！无论别人如何，你都要无愧于自己。你可能知道这种感觉：当你和别人发生争吵时，别人冒出一句脏话，然后你就脱口骂了一句。这种感觉并不好，不是吗？我知道你想辩解："是他们先开始的！"你说得对，是他们先开始的！但如果你沦落到他们的水平，那你也不会好到哪里去。

你要昂首挺胸，衣冠端正。除非自甘堕落，否则没有人能把你拖入泥潭！

我和家人一起遵守一些禁止事项，以表示我们相互尊重：

禁止大喊大叫!

禁止侮辱!

禁止骂人!

禁止身体羞辱!

禁止未经询问闯入房间!

禁止不告知就拿走私人物品!

轮到你了！哪些禁止事项对你和家人都很重要呢？当你决定了哪些禁止事项对你来说很重要之后，你可以与父母或看护人谈谈，问问他们是否可以一起列出一份家庭禁止事项的清单。让全家人坐下来讨论一下，每个人觉得重要的东西都是什么，这可能会是个好主意。然后把家庭的边界清单挂起来，让每个人随时都能看到！共同设立边界是确保每个人都感到被倾听和理解的绝佳方式。

让大人去解决他们的问题

我从小就是个大忙人。过去，我总是参与到每个人的事情中，我喜欢人们与我分享所有事情，无论是好是坏。现在，我是一名生涯教练——人们分享他们的问题，我帮助他们解决。我做的事情似乎并没有什么改变，但我现在知道什么时候该介入，什么时候不该。因为，如果你最终要卷入每一场争吵和闹剧中，尤其是那些本来与你无关的，你就会精疲力竭。毕竟，还有很多自己的事情需要你集中精力全力以赴！

我最讨厌的，就是父母之间的争吵。我总是会觉得这很可怕，这会让我联想到最坏的情况。我永远不知道这场争吵是否会以他们的离婚而告终。

现在这部分内容可能并不适合所有人。如果你的父母不会把你扯进他们的争吵中，那么你可能不需要读这个部分。这部分是为那些曾被父母夹在中间，被要求选边站队的人而写的。这是一种可怕的感觉！你必输无疑，因为只要你选了一方，就一定会伤害另一方的感情；如果你拒绝选择，争吵就会持续不停！这种情况经常发生在我身上，我真希望自己那时就知道这一点：

修复父母的婚姻不是你的责任！

你不需要成为父母的治疗师！任何孩子都不应该选边站队，你完全可以选择退出。他们是成年人了，照顾你是他们的一部分职责，而不是反过来让你来照顾他们——虽然这似乎有点不太公平。当你拒绝选边站队时，你可能会感到内疚，但他们完全有能力处理自己的问题。虽然看到自己所爱的人陷入痛苦会感觉非常糟糕，但这并不意味着你要介入其中。他们的婚姻问题不应该成为整个家庭的问题。你不可能一夜之间就变身为婚姻顾问，这也不是你的职责！

那么，你该如何退出呢？好吧，当我的父母让我选边站队时，我通常会说：

"这与我无关。你和爸爸（妈妈）有矛盾，所以你必须和他谈谈。"

或者你可以说得更加坚定：

"我需要你们俩都停止跟我谈论你们的婚姻问题。这不公平。我爱你们俩，所以我不想偏袒任何一方。我要离开这个房间，你们可以自己解决。"

你不想卷入其中，并不意味着你不在乎！比方说，你和妈妈之间有问题，解决问题的唯一办法就是直接和妈妈谈。找爸爸或兄弟姐妹倾诉，也许能让你发泄一下，但往往会让问题变得更加复杂。因为其他人都会有自己的看法，可能会偏袒其中一方。你的父母也是如此！如果他们找你或你的兄弟姐妹谈论，只会让事情变得更糟糕。如果你和某个人有矛盾，就直接和他谈！

在家庭争吵中，最糟糕的地方在于，它让我觉得自己的家庭并不像其他人那样完美，这让我非常难过。但每个家庭都会有争吵。我永远不会忘记自己想通这一点的那一天。

那天是圣诞节，每个人都在为礼物争吵。起因是我哥哥几周前问我想要什么圣诞礼物，我告诉他我还没想好，但我很清楚我不想要什么。结果圣诞节早上，我拆开礼物，发现他给我买的正是我之前说过不想要的东西。这让我非常恼火。我的父母显然不知道这个背景，就认为我无理取闹。这让我更加生气，于是我气急败坏地冲进了自己的房间。

当我坐在床上生闷气的时候，收到了一条好朋友发来的"圣诞快乐"短信，问我今天过得怎么样。这是我有生以来第一次坦诚地说出我是如何与家人争吵的。事实上，我之所以把自己锁在房间里，就是因为我在生**每一个人**的

气。令我惊讶的是，她竟然回复说，**她也在经历同样的事情！**她也跟哥哥吵了架，把自己锁在了房间里。唯一不同的是，她有她的狗做伴。我们开玩笑说，真希望我们能在一起，这样我们就能把家人抛开，在圣诞节玩个痛快了！

然后我问她:"为什么你从来没有把和家人吵架的事告诉过我?"她回答说:"为什么你从来没有说过自己和家人吵架?"我们忽然觉得自己很傻,因为我们闭口不提的原因一模一样:我们都觉得自己的家庭出了问题,这让我们很尴尬。尤其让我们感到尴尬的是,那天是圣诞节——是一个本该展现完美家庭形象的日子,压力实在是太大了!

我们谈到了没能过上完美的圣诞节,会让自己感觉是个失败者。最后,我们意识到,互相倾诉是我们能带给对方的最好礼物。我们向对方承诺,如果下次跟家人吵架之后感到难过了,我们一定会告诉对方!我们让彼此不再孤独。我们发现拥有一个不完美的家庭并不丢人。

如果你想在生活中保持边界,你就需要接受冲突,并认识到没有一个家庭是完美无瑕的。每个人都会争吵,而你们也会因此成为一个更强大的整体。

有时,当你设定边界时,会容易得不费吹灰之力;有时,则会因为分歧而产生困难。有分歧并不意味着你们不爱对方。你对争吵的感受往往是基于自己的成长经历。因此,如果你在一个经常争吵的家庭中长大,你可能会对冲突感到恐惧。然后,随着年龄的增长,你可能会试着完全避免冲突,这样就诞生了一个"讨好者"。

但你需要明白,虽然在短期内说"是"比较容易,但尊重自己的真实感受、敢于说"不"更为重要。从长远来看，这会让你感觉更快乐，因为人们会理解并尊重你的底线。忽视自己的感受或把它掩盖起来，只会让麻烦越来越大。

因此，我们需要勇敢地说出自己的感受，无论这有多难！

与家人
建立
边界的
十条规则

1. 家庭中也要建立边界，不要因为是家人就有所不同。

2. 进入他人房间前要敲门。

3. 不要卷入不属于你的争斗之中。

4. 每个人都值得尊重。这是对人的尊重，而不是对年龄的尊重。

5. 即使你不同意父母的观点，也要听他们把话说完，并仔细思考他们是否在为你的最大利益着想。

6. 如果争论过于激烈，你可以要求一些空间。

7. 借用别人的东西前，先要征求意见。

8. 尊重别人，是赢得别人对你的尊重的一种方式。

9. 你不是父母的治疗师。

10. 每个家庭都会有争吵，这很正常！

不。

第4章

在学校里说"不"

- 在什么时候,我可以拒绝老师?又该如何去做?
- 为什么我总是被作业压得喘不过气来?
- 怎么找出足够的时间来学习和交友?
- 当老师无端地批评我时,我该怎么说?
- 如何让我所属小组的每个人都能出力?

啊哈，学校！这是一个棘手的问题。我们大部分时间都在学校度过，我们被要求安静地坐着，老师永远是正确的。但有时这并不公平。如果老师说错了，该怎么办？如果你想为自己辩护呢？如果学校是为了培养我们独立思考的能力，为了我们长大之后能自己发声捍卫信念，那为什么我们在学校里却不能这样做呢？我们需要在争取公平和权利与遵守规则免得惹麻烦之间取得重要的平衡。到底应该怎样做，才能找到直抒己见的神秘边界，最终让自己的观点和想法得以表达呢？

学校生活中的难点远不止这些。你一天中的大部分时间都已经被课堂占据，但你是个年轻人，还想有点时间交朋友和做作业。这就很紧张了。因此，我们面临的挑战是发出自己的声音、坚持自己的想法，同时有足够的时间休息、跟朋友一起玩耍、参加课外活动并兼顾其他事情，想办法让自己在学校里更自如、自在。好了，别担心，我来帮你！

只有怪兽才会大声嚷嚷

老师可能很难应付！ 他们比我们高大、年长，他们往往希望按照自己的方式做事，坚持己见。很难相信，他们也曾是和我们一样坐在教室里不得不听讲和学习的学生。

老师也是制定所有规则的人，这一点跟家长一样，但老师更具挑战的地方在于，他们要面对多得多的孩子，远不止一个家庭里面的寥寥几个。因此，他们可能没法总是聆听你的意见，也没有时间总从你的角度看问题。在家里，父母是老大；在学校，老师是老大。但即使是老师，也有自己的上级，所以他们也不能随心所欲地做事！

记得在我上六年级的时候，才终于感觉到老师们把我们当成和他们平等的人来看待了。那时，我真想发出"哇"的惊叹：老师竟然和我们一样！发现这一点，让我觉得很是有趣，我甚至还真的想和他们中的一些人做朋友！但是，在明白这一点之前，他们给人的感觉往往就是爱发号施令、毫无乐趣、很难相处。

老师们真的很聪明——他们掌握着所有的信息，他们会帮助你通过考试。他们努力学习、成绩优异，才成为老师。因此你必须在学习上信赖他们的讲解。但是老师并不总是对的，他们也是人，跟你我并无区别。世界上没有一个人能永远正确，我也不会。但大喊大叫和发脾气是错误的方式。与父母之间的尊重是双向的，同样，在学校里的尊重也应该是相互的。遵守纪律、按时上课和在课堂上表现良好是很重要的，但这并不意味着老师可以想怎么对你说话就怎么对你说话。你也应该得到尊重！

在校外，大声吵闹是绝对不允许的。我希望你们知道，如果有人在学校里对你们吵吵嚷嚷，那也是不对的。你不应该和任何人用这种方式说话，也不应该为了让别人听到你的声音而提高嗓门。大声喧哗是粗鲁和不友善的行为，而当这种行为来自比你更高大的人时，你会感到非常害怕。虽然倾听他人的意见非常重要，其中当然包括老师的意见，但如果老师对你高声大气地说话，你同样可以拒绝。当有人对你嚷嚷时，你可以像这样礼貌、自信和公正地说：

"**请不要对我大喊大叫。你对我说话时的声音可以小一点吗？**"

如果他们继续大声嚷嚷，你不要害怕。记住，这是**他们的**问题，而不是**你的**。他们要为自己的错误行为负责，而你可以继续按照自己的价值观和道德观行事。你可以为自己的作为感到骄傲！

有时让你感觉不好的，不是他们大声嚷嚷，而是他们在大庭广众之下突然让你回答问题。这会让你感觉很不公平，因为你之所以没有举手，就是因为不知道答案。现在大家都在盯着你，老师也在等着，这种感觉实在尴尬。如果你有信心，可以试着猜一猜，但如果你毫无头绪，也可以坦率直言。如果在被点名时不知道答案，你可以说：

"**我不知道答案，可以告诉我吗？**"

有时，你可能会因为试图回答问题却答错了而被批评。如果真的发生了这种情况，首先，请知道犯错是没关系的。但如果你因为犯错而受到羞辱，你可以这样说：

"我知道我做错了，很遗憾。下次我会努力做得更好，但现在这样让我感觉很糟糕。"

如果你能这样冷静、礼貌、自信地设定边界，那么你做的就是对的！

如果你尊重每一个人，那么你就有权要求别人尊重你

我不能保证老师一定会听取你的意见或了解你的底线。也许是因为他们今天过得很糟糕，觉得没人听他们的，或者是因为他们还不了解你的边界。让他们了解你的边界，可能是一件很困难的事情，会让你感到困扰。

我也遇到过这样的事，至今还记忆犹新。我小时候最讨厌别人说我。有一天，一个女孩总是趁老师转身的时候对我无礼。我举手想告诉老师，但却不知道如何表达，最后我说："艾米丽有一些刻薄的话，但她实际上并没有说出来。"显然，老师无法理解我的意思，还觉得我在浪费她的时间。结果我反而惹上了麻烦，因为对艾米丽造谣而挨骂，感觉糟透了。不过，如果我能回到过去，我会对小时候的

自己说：我仍然会为自己能说出自己的想法而感到骄傲。不管结果如何，坚持自己观点的做法是对的。那天老师没能理解我，但我坚信我是尊重老师的，没有做错任何事。

如果老师一直不公正地对待你或者长时间对你大声吼

叫，你可以向其他成年人寻求帮助。你并不孤单，有人会很乐意帮助你。向父母或监护人倾诉，告诉他们你所经历的一切。你不必独自面对这一切，**寻求帮助是非常勇敢的行为**。当你的边界不被接受时，可以请另一位成年人帮你强化边界。这就好比如果你惹了小熊，就会有大熊来对付你！

先做完，再做好

想要有良好的边界，需要有良好的沟通技巧。良好的沟通意味着直言不讳，避免撒谎——这能让你的生活更轻松。也就是说，拥有良好的边界，意味着在该说"不"的时候说"不"，在该说"是"的时候说"是"。这意味着说到做到，言行一致。

到目前为止，我们主要讨论了如何设定边界，以及在受到不公正的对待时，该如何挺身而出。我们还谈到了如何善待他人。很多边界都与**尊重**有关。这就要求我们必须诚实可靠。如果我们做不到这一点，就不能指望别人告诉我们真相，对我们公平。我们要首先做到这一点，才能希望别人也这样对我们。我们之前已经说过，在设定边界之后，如果有人越界就要承担后果，还记得吗？那么，拥有良好的边界，也意味着你需要履行你的诺言和承诺。

在生活中，在友谊中，尤其是在学校里，我们会做出很多承诺。如果你有良好的边界，你就会尊重他人的需求，履行自己的承诺。是的，这意味着你要为小组项目尽一份力，并完成你的家庭作业。是的，即使它很无聊，即使你担心分数不佳！但在你提交作业之前，你不会知道结果。

你能做的最好的事情之一，就是成为一个**靠谱**的人。边界不清，会让你的承诺无法兑现，会让你改变计划打退堂鼓。结果就是，可能你再难取得人们的信任，甚至你自己可能都不相信自己了。想想看，你有多少次对自己下定决心的事最后不了了之？是时候结束这种状况了！

在每个小组项目中，总会有人对自己分内的工作不管不顾，或者说好了之后玩失踪，或者答应做点什么却总是忘记。这些人不尊重他人的时间，也没有履行自己的承诺。

你有过明知无法实现还答应别人的经历吗？比如你明明知道自己放学后有很多社团活动，没有时间做作业，但还是向老师做出了保证？或者你答应了三个不同的朋友共进午餐，却发现自己不可能履行对他们所有人的承诺？在这种情况下，想要避免给老师、父母或朋友带来麻烦去编一个谎话，确实很有诱惑力。"善意的谎言"是一种为了避免伤害他人感情而撒的小谎话。问题是，说"善意的谎言"是一种边界不清的表现，即使你是出于好意。诚实永远是上策！如果你养成了说"善意的谎言"的习惯，那么别人就很难信任你。善意的谎言也是谎言。

诚实是最好的策略!

我们要言出必行。当你尊重一个人时,你就会尊重他的时间。当你尊重一个人时,你会对他诚实,即使这可能会让他失望。

拒绝善意的谎言。

拒绝迟到。

不要错过最后期限!

做不到就不要随便答应!

可是别人靠不住!

老实说,并不是每个人都善于设定边界,但你读完这本书后,就会成为这方面的专家!遇到不靠谱的人,可能是一件很难处理的事情。想一下前面的例子,如果你和一个连自己分内工作都不做的人绑在了一起,该怎么办呢?

在这种情况下,最好的办法是什么呢?是替他们完成作业,还是摆烂?但这样的话,每个人的成绩都会被拉低。当我是个讨好者的时候,我会把他们每个人的活儿都揽到自己身上。只要他们开口,甚至有时都不需要他们开口,我就上赶着去帮忙了!我以为我是在"帮忙",但现在我意识到,我既没有帮到他们,也没有帮到我自己,我只是做了本不属于我的工作。设定良好的边界，需要知道什么是你的责任，什么不是。当你是一个讨好者的时候，你就会为了让别人喜欢你而不遗余力。这意味着你经常会揽许多本来犯不着你操心的事，无论是为父母的感受、朋友的情绪负责，还是替别人做事。长此以往，你会精疲力竭的！

你能想象一个成年人会因为同事不干活，就免费去替他们完成工作，而工资还由同事照领吗？这根本不公平。所以从现在开始，养成不要抢别人工作的习惯。你没有义务去替别人完成工作，同样，你也没有义务去照顾别人的情绪或处理别人的争论。

清晰的边界让我们清楚自己与他人之间的界限。我们知道哪些是属于我们的财产、情感、工作等，我们也知道哪些不属于我们，我们也无法强求。别人的问题是别人的事，而你的工作就是专注于**自己的**事。当然，如果别人提出请求，你可以帮助他们，但帮助别人与凡事以别人为先是不一样的。如果你替别人完成，那他们永远也学不会自己做。这不是**他们**希望的，也不是**你**希望的，更不是你的老师所希望的！你不必因为别人的要求或者恳求而答应完成他人的任务。

你可以说不！

只要你尽到了自己的责任，就可以理直气壮地要求你的同伴也对等付出：

"我们该干的都干完了，现在该你了。"

或者：

"如果你完成起来有困难，可以找大家帮忙，但不可以什么都不做。"

如果他们还是不听，那么你可以向老师提议是否可以根据个人贡献给小组作业打分。老师也许会拒绝这个提议，但不问你也不知道结果会怎么样，问一下总比瞎想好。如果他们说不可以，那么你就可以为你的小组成员设定一个明确的后果：

"让整个团队失望一点也不好玩。如果你不想参与团队工作，那我们就在没有你的情况下做演示。"

你的作品足够好，你也是！

我们的拖延，有时是因为对自己或自己的能力没有信心。面对可能会让你觉得自己愚蠢、无用、懒惰或者永远学不会的压力时，逃避比直面更容易。但你不是这样的人，你一点也不愚蠢！没有人是愚蠢的。

有些人很幸运，很早就能发现自己的天赋，不费吹灰之力就可以把事情做好。虽然这种天赋会让生活更轻松，但如果一件事不能马上获得结果，我们也不应该放弃。例如，我一直英语不好，但我非常努力，最终在 GCSE 考试[①]中获得了 A*。相比我在数学上获得 A*，这个成绩更让我骄傲。因为我很清楚我为此付出了多少努力，才最终在自己并不擅长的科目上拿到最好成绩。

我们每个人都各有所长。有些人更擅长体育、音乐或艺术。当你长大成人后，你可以确定一项自己最热爱的事情，投入更多的时间和精力。但如果你没有对所有事情全力以赴，就不会知道自己想要追求什么。因此，现在你应该对所有在做的事情都竭尽全力，找到自己的特长和激情所在，获得成功！而做到这一点的关键，就是不要害怕做错。

形成讨好型人格的部分原因是害怕做错事。讨好者会担心自己一旦犯错，就成了坏人。当你认识到，答对了多少道题跟你有多"好"并无关系，健康的边界就形成了。尝试后答错了也没关系。这并不意味着你失败了，而是意味着你正在学习，而学习的意义恰恰在于你正在不断发现新的事物！我们内心的讨好型人格总会作祟——生怕作业不够完美，结果一拖再拖，最终错过最后期限。事实上，即使成绩不够好，也并不意味着你是个坏人。你能做的应

[①] 全称 General Certificate of Secondary Education，是英国普通中等教育证书，其中 A* 为最好成绩。——译者注

该是尽自己最大的努力完成作业，然后自豪地提交。

不用把你的成绩告诉朋友！

我们难免会跟关系亲密的同学相互比较。最糟糕的事情莫过于：当考试之后大家互相分享答案时，你无意中听到了自己没写出来的答案！每当这时，我总是会感觉很糟。我真希望我当时就意识到我不用留下来等着听别人说什么，也完全没必要告诉别人我的答案。考试已经结束，答案也无法更改了！当时我能做的就是忘掉考试，庆祝我努力到达了终点。许多年后，我终于悟出我应该如何为谈论自己的工作设定边界。

还记得第一次接到出版社请我出版图书的邀约时，我决定保守秘密，不跟别人分享。我不想受别人的意见左右，也担心别人会让我扫兴，所以一开始谁也没有告诉！后来，当我有机会为自己庆祝时，我才渐渐开始跟更多的人分享。选择先告诉谁、后告诉谁，这取决于我对他们的信任程度，取决于我是否觉得他们愿意保守秘密，会不会发自内心地为我高兴。这意味着，那些可能会有负面反应的人，只能在最后一刻才得到消息。我的文字在印刷出版前从不示人（除了给经纪人和编辑）——直到白纸黑字印出来，木已成舟，才公之于众。这是最重要的边界。如果受到其他人的意见干扰，我可能永远也写不完这本书，所以我设立了边界来保护我的作品。

你也可以这样做!

你不必与任何人分享你的作业的情况。你可以只让老师看到你的作业,也可以拒绝告诉其他人你的成绩。

我想再强调一点:如果你拿到的成绩单没有达到预期,那么请记住,**你不能被成绩所定义**。通过在课业上建立边界,我们可以把精力集中在学习本身,按时完成作业,并认识到成绩和其他数字一样,无法定义你有多么了不起!

我的时间很宝贵

生活有时真的很忙碌。你可能会觉得自己没法在连续不断地上学、写作业和课后活动之间安排的自己的时间!怎么才能暂停一下,喘息片刻呢?我觉得你应该已经知道答案了,那就是设定边界!

在繁忙的生活中,我们经常会感觉电脑上打开了太多的网页。我们需要学会关上一些,哪怕以后必须重新打开。时间边界意味着我们可以更好地控制一天的时间,防止自己被最后期限和繁忙的日程压垮。我们要能够对某些事情说"**不**",好让自己**不用现在**就对其他事情说"不"。

你想知道那些重要人物（比如你的班主任甚至国务院总理）安排时间的诀窍吗？他们知道该如何**区分**哪些事情需要马上完成，哪些事情可以等待。要在截止日期前完成所有工作的第一个诀窍，就是将任务从最重要到最不重要进行排序。最重要的任务可能是最先到期的任务，也可能是耗时最长的任务，还可能是你觉得最困难、需要投入最多时间的任务。你是老大，你可以决定自己的首要任务是什么！第二个诀窍是列清单。它可以帮助我按时完成所有事情，也是我最喜欢的一种方法。请写一份长长的待办事项清单，完成一件事就划掉一件。看着清单上的事情越来越少，你会非常满足。当你发现自己的工作效率有多高时，自信心会得到极大的提升！最棒的是，所有待办事项都完成之后，你就可以尽情享受和放松了。我们在生活中总难免有不得不做的无聊的事情，比如完成家庭作业。当你不再有错过最后期限的负罪感，可以随意刷手机，这不是更有趣吗？所以，先完成作业，然后尽情玩乐吧！

你也需要自由时间！

在时间上划定边界的另一个关键是，对一些事情说"不"。无论那些待办事项你有多么擅长，但如果你不能对一些事情说"不"，那你仍然很快就会筋疲力尽。如果我们的待办事项清单太长了，那我们就真的需要暂停一下再增加。不幸的是，由于清单中的作业是无法被删除的，那就意味着有时要拒绝一些听上去更有趣的事情。但是，如果你太累了，即使再好玩你也无法享受其中的乐趣！

在日常生活中为自己留出时间是非常重要的。就像我们每天都要抽时间吃饭一样，我们也需要抽出时间照顾自己！如果我们连放松的时间都没有，那我们就没有精力去完成那些艰苦的工作，甚至无法享受与朋友在一起的时光。上学的孩子往往很难有放松的时间。如果在你放松的时候被大人抓了个正着，就算你身体不舒服或者只是玩了一会儿，也会被抱怨总是对着屏幕！但无论你是上学的孩子还是成年人，都不应该在生病时被强迫去做事或者工作。

最强壮的人都会倾听自己身体的声音，知道花时间放松身心、休息和恢复精神的重要性。

你的身体需要好好呵护！

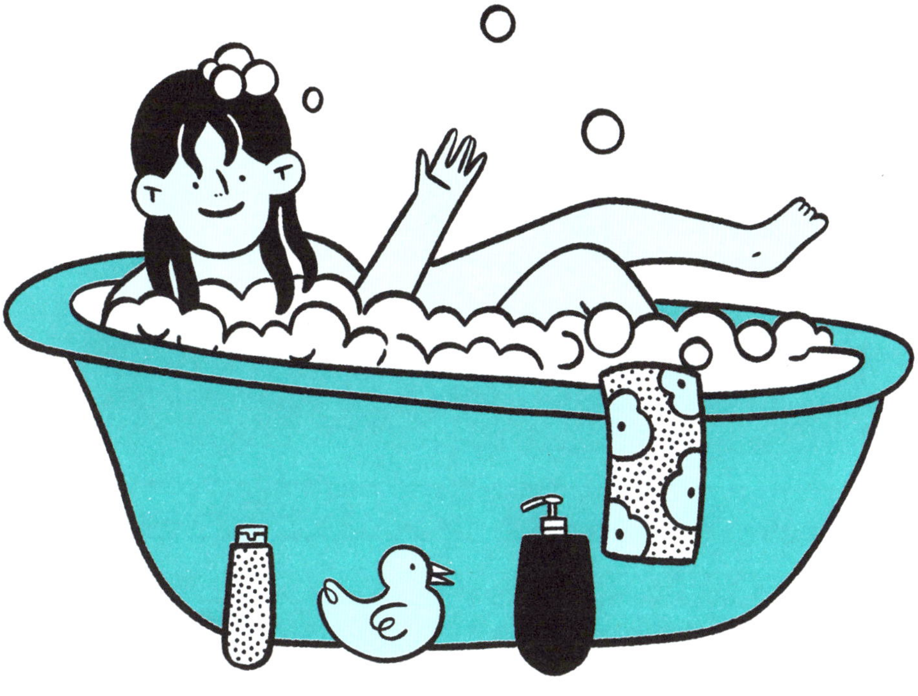

好好学，好好玩

说到放松，每个人都有自己的方式，所以找到最适合自己的方式非常重要。你需要时间玩耍和休息——注意，这二者可不是一回事！玩耍和休息能满足幸福感的不同需要，它们跟努力工作同等重要。以下是我最喜欢的几种休息和娱乐方式：

休息
- 看电视
- 冥想
- 读书
- 洗澡

娱乐
- 桌游
- 打壁球
- 绘画
- 冲浪

休息的终极形式是睡眠，如果你想第二天精力充沛，睡个好觉非常重要。但这并不是我们唯一需要的休息方式。我们在一整天中还需要一些停顿和休息，让大脑放松下来。哪怕只有十五分钟，也可以让我们稍微安静下来，放慢脚步。我们需要休息！这就好比如果一直在跑步机上不停地运动，你的腿会累。如果运动后坐一会儿，让身体休息一下，再回到跑步机上，你就会感觉精力充沛，做好了继续运动的准备。我们的大脑也是如此！

我们不用忙个不停，我们都需要休息。更重要的是，我们都**享有**休息的权利。当你无所事事时，可能会觉得自己在偷懒，但我们必须要记住，我们的时间应该由我们自己说了算！花一些时间来放松，并不意味着对时间的利用效率会降低。好好休息**绝不是**浪费时间。

接下来是娱乐！跟学校里安排娱乐时间一样，我们在生活中也需要更多的娱乐时间。娱乐以不同于休息的另一种方式满足大脑的需要。它能平衡工作压力，分散你的注意力，解放你的双手。我最喜欢跟别人一起玩游戏，这是增进感情的绝佳方式。桌游给我带来了无穷乐趣，最近朋友又向我推荐了电子游戏。有时，当你用电子游戏来玩耍或休息时，大人们会很恼火。但只要你玩的时间不是太长，只要你把工作和其他任务放在首位，你就可以这样回答他：

"我知道我看起来无所事事,但实际上我在休息,我很清楚这对平衡生活的重要性。"

谁会想要没有乐趣的生活?肯定不是我!

现在,请大家思考一下,你希望在生活中腾出更多的时间做什么。列出你最喜欢的休息和娱乐方式,将这两项添加到本周的待办清单中,务必保证腾出时间完成它们!

在接下来的几天里,看看你计划的每一件事会让自己有多开心。为自己的日程设定边界,为自己留出时间,让自己有更多值得期待的事情,也会为本周剩下的时间带来更多的活力、快乐和希望!

享受
乐趣
绝不是
浪费
时间！

上学期间建立边界的十条规则

1. 对别人大喊大叫是不对的。

2. 老师并不是永远对的，你也不会总是对的。

3. 如果你做出承诺，就应该坚持到底。

4. 你没法同时做所有的事或去所有的地方。

5. 作业只要尽力而为，就很好。

6. 安排时间休息与安排时间工作同样重要。

7. 如果你不愿意，不必将自己的成绩与朋友的成绩相比较。

8. 尊重老师，就像你希望老师尊重你一样。

9. 良好的边界意味着履行所有承诺，包括做计划、开展项目、完成家庭作业。

10. 如果你在与老师相处时遇到困难，请向成年人寻求帮助。

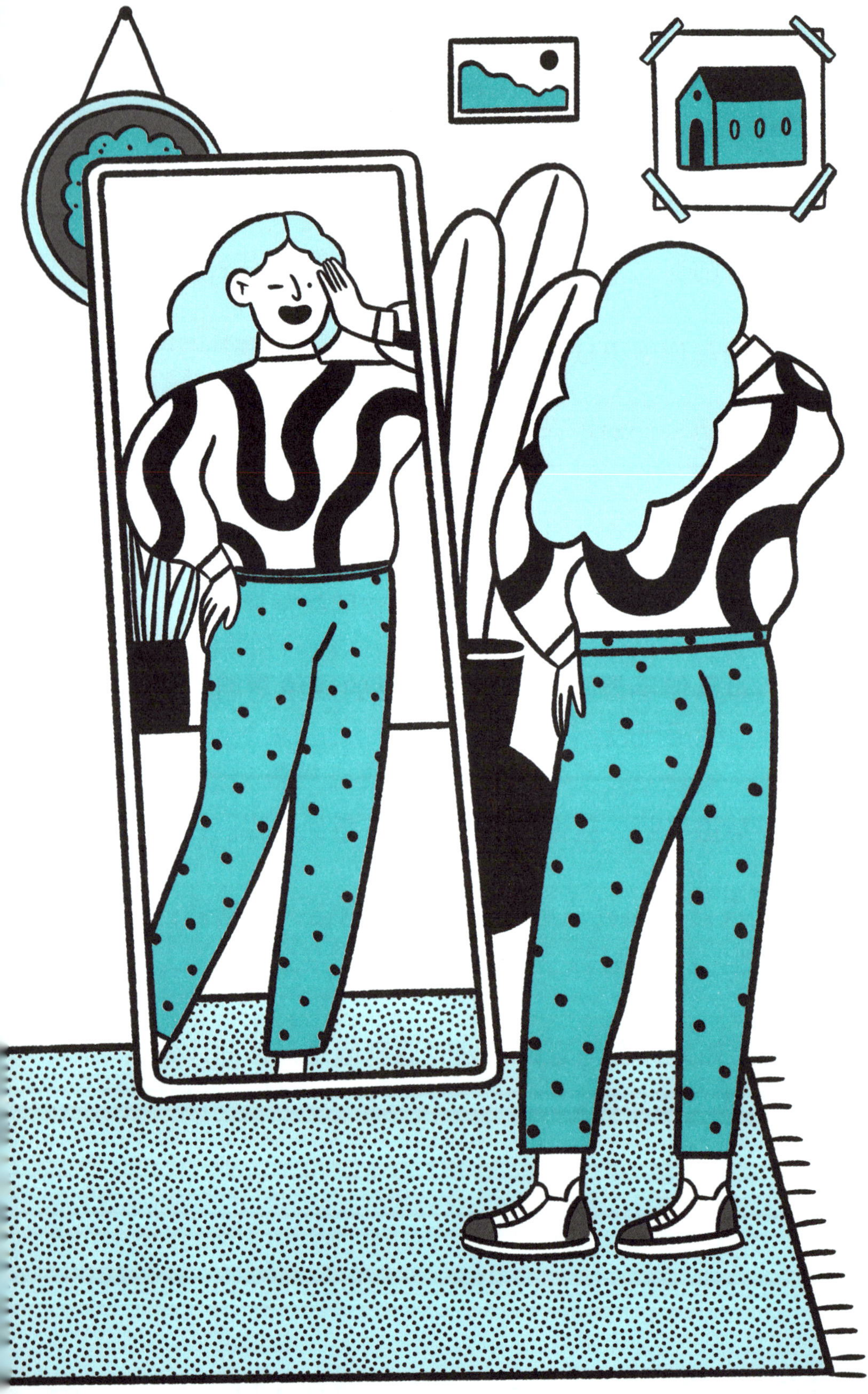

第 5 章

我的身体
我做主

- 怎么让别人不要拥抱我？
- 如何拒绝一个吻？
- 如果不确定我想接受还是拒绝，怎么办？
- 如果我对爱情不感兴趣，是不是很奇怪？
- 我必须亲吻某人才能合群吗？

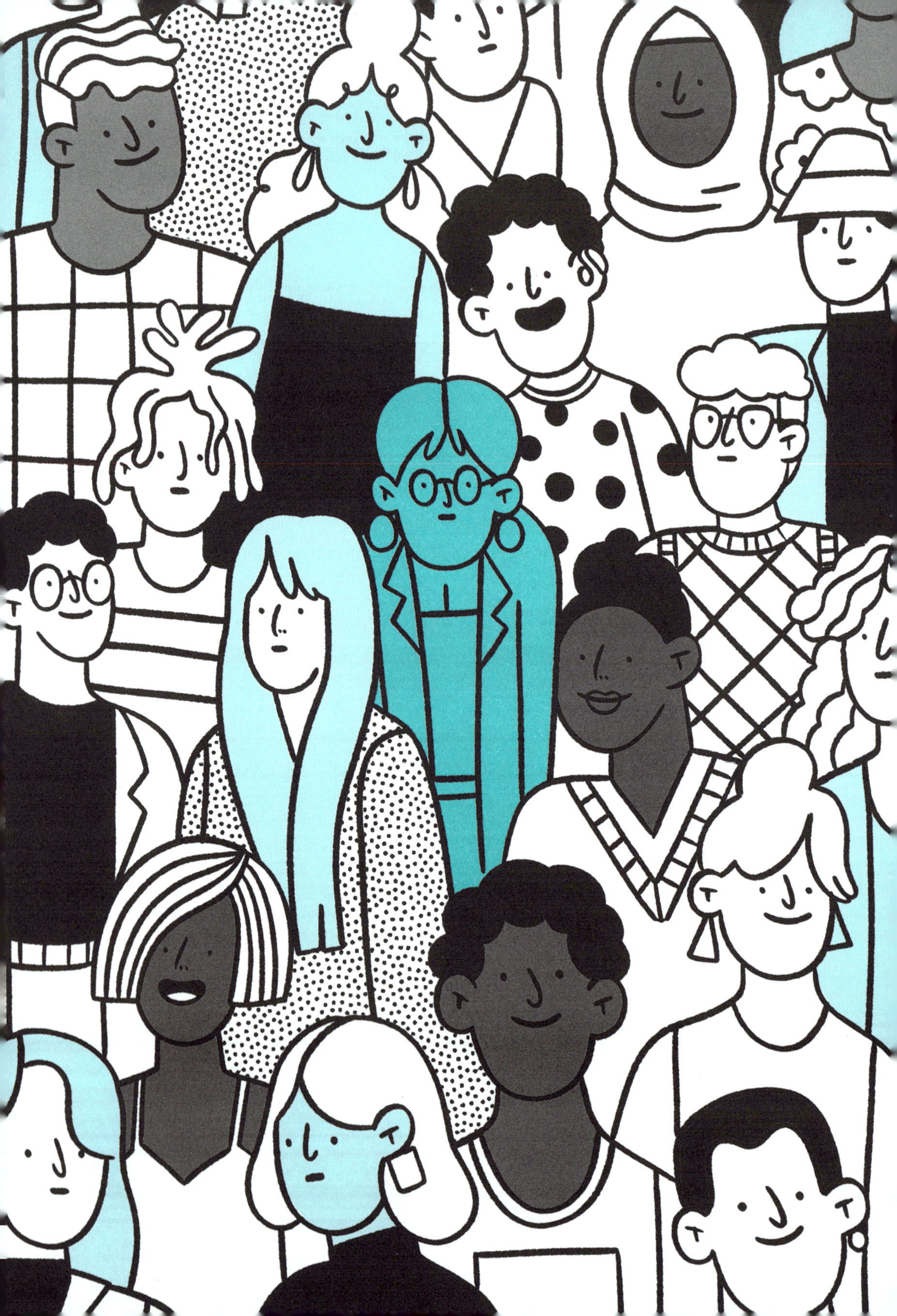

你的身体属于你，你可以自己制定规则。你可以决定是否愿意让别人触摸你，你可以决定是否想要更多的私人空间，当有人侵犯你的身体边界时，你完全可以说"不"。每个人可以有不同的身体边界，因为每个人都是独特的！你的边界也不是一成不变的，你可以改变想法。"我同意"是一个非常重要的话题，让我们来谈谈如何拒绝那些试图打破你身体边界的人吧。

不要抱我

还记得我说过，边界就像无形的气泡环绕着你，保护你不受外界影响吗？这个气泡的存在也是为了保护你的身体和个人空间。就像我们的皮肤是保护我们不受外界伤害的屏障一样，我们也需要界限来保护自己。

你是否有过这样的经历：人们挤挤挨挨，没有空隙，所有人都离得很近，你几乎可以闻到他们早餐吃了什么，这让你很不舒服。你不舒服的原因有很多：可能是被挤压、感到窒息或是沮丧，也可能觉得自己的私人空间被侵犯了。这种感觉不是只有当你在一大群人中间时才会出现。如果有人在交谈时站得离你太近，也会让你产生同样的感觉。在考虑自己的身体和生理界限时，你可能会对很多事情说"不"：

拒绝别人侵犯你的私人空间！

拒绝别人未经允许触摸你的身体！

拒绝别人跨越你的身体边界！

什么是同意？

"同意"是我们经常听到的一个词，但它究竟意味着什么？

同意：允许或许可发生某事或做某事。

"同意"这个词听起来很正式，但你每天都在征求别人的同意！当你问朋友是否可以去他们家做客时，当你问兄弟姐妹是否愿意和你一起玩游戏时，都是在征求别人同意。提出"同意"这个话题，并不意味着必须促膝长谈，也不是说要做什么让人触目惊心的决定。你可以只是在拥抱别人之前先简单地询问一句。或者如果有人想用你不喜欢的方式触摸你时，就是你对这些入侵了你的空间的人说"不"的时候！一个叫约翰·奥利弗的智者曾经说过：

"'同意'有点像拳击比赛：如果另一个人不同意，那么你就是在使

用暴力。"

如果两个人都同意，那就是一场拳击比赛。但如果一个人不想打，那就成了他只是被另一个人打，这就有问题了！

当涉及我们的身体，尤其是隐私部位时，获得同意就更加重要了。你知道我说的这些部位是指什么吧，它们包括乳房、阴茎、外阴、阴道这些通常被衣服遮住的部位。当你长大后，你可能会允许别人触摸这些部位，但这只能在对方得到你的允许和信任后发生。如果别人的触摸让你感觉不适，无论他们碰了哪里，一定要让他们停下来，然后告诉你信任的成年人。任何人都不能让你感到不舒服。当你说"不"并告诉成年人时，你就是在捍卫自己的边界，保护自己的安全。

打招呼并非只有拥抱的方式

每个人的身体边界都不一样。有些人希望有一个大气泡，让自己跟其他人保持一定的距离，而有些人需要的个人空间则少很多。当然，这也取决于你对话的对象和你对对方的了解程度。我不会觉得最好的朋友给我一个拥抱有什么问题，但如果有新认识的朋友要离我这么近，那我可需要适应适应。如果你的亲姐姐躺在你的床上跟你聊天，你可能会觉得很舒服，但如果你的表姐也这样做，那就尴尬了！你可能会经常和朋友分享冰激凌，但如果你发现弟弟用了你的牙刷——啊，这可太恶心了！这完全**不**一样！你可能不介意教父吻你的脸颊，但如果某个你连名字都不知道的亲戚朋友这么做，你的大脑就会大声警告：这是侵犯啊！快停下！

当你和别人说话时，想想你希望自己的"气泡边界"在哪里。如果你觉得对方正在入侵你的气泡，你可以随时后退。如果对方不断靠近你，你可以用这些话术让对方保持距离：

- "我喜欢有点自己的空间。谢谢你尊重我！"

- "我需要一点空间来呼吸。"

- "不管你在哪儿我都能听见。"

- "能听到我说话吗？听不清的话，我可以大声重复：不要站这么近。"

你的隐形气泡会保护你的安全，让你感觉舒适。你可以保护自己的空间！我发觉在那种可能一年才举办一次的大型家庭亲朋聚会中，我的个人空间被侵犯得最厉害。不知道你是不是也有同样的感受。我的家人不喜欢拥抱，所以当那些我几乎不认识的家人或朋友拥抱我时，我会感到很不自在。如果我连上次跟我哥拥抱是什么时候都不记得了,那我更不想去拥抱我爸爸的朋友,因为自从上一年的聚会后我就再也没见过他了!被迫拥抱是最糟糕的!

这是你的身体,所以如果你拒绝别人的拥抱,那就应该得到尊重。有些人喜欢拥抱,有些人不喜欢。我们都是不同的人,如果你不喜欢拥抱,你完全可以有其他选择。握手、击掌或远远地挥手也都是人们会使用的问候方式。这些方式身体接触较少,甚至完全不需要接触。你需要找出最适合自己的方式,才能告诉别人你想要什么。开始尝试这些不同的打招呼方式,你才能找到让你感觉最舒服的,这样你就能为自己的个人空间设定非常明确的边界:

- **挥手**
- **握手**
- **击掌**
- **碰拳**
- **拥抱**

不过你也要记住,对方也有自己的喜好。如果对方跟你说,某种问候方式让他们感到不舒服,你也必须尊重对方。

一旦你发现了让自己感觉最舒服的方式,你就可以努力让别人接受用这种方式问候你。在与人打招呼时,往往更自信的一方能主导互动方式。这并不意味着你要拍胸脯或去对方进行拇指大战（一种儿童游戏，双方互握右手，用大拇指进行角力）！比如如果你和一个表妹打照面时，她想要拥抱，而你想要握手，那么此时要坚定地采取自己偏好的问候方式的人往往会胜出。因此，快速而坚定地伸出手是一种告诉对方你不想拥抱的最简单的方式。无论你选择哪种问候方式，都要充满自信，并将其作为唯一的选择展示给对方。

但如果在你还没来得及反应的时候，别人已经开始做出拥抱的动作了，这时候你可以用语言表达自己的不适，并要求别人尊重你的底线。下面是说"不"的方式：

"拥抱不适合我，击掌怎么样？"

或者：

"我不喜欢拥抱，握手怎么样？"

如果有人在你还没反应过来的情况下已经拥抱了你，那么你也可以表达你的不适：

"哦，我没想到会这样。下次抱我之前能先问一下吗？"

或者：

"这让我感觉很不舒服，请你停下来。"

我知道这些话听起来很强硬，尤其是如果你还不习惯为自己辩护的话。但当别人已经越过你的身体边界时，你就可以强硬起来。你之所以觉得怪怪的，是因为你以前没有用过这些词！在你尝试新事物之前，总是难免会感到害怕，感觉有点奇怪。但是，当面对身体边界的越界行为时，需要你动用最强大的"不"。那个人怎么看你并不重要，重要的是你感到安全。

你的安全是重中之重！

"不"并不是一个粗鲁的词!

你还记得我之前说过我家人不喜欢拥抱吗？但奇怪的是，我小的时候却被要求跟房间里的所有人打招呼，否则就会被说成没有礼貌。我经常被要求"去抱抱你叔叔"或者"亲一下你阿姨"。但是，你并不需要因为礼貌去不情愿地拥抱和亲吻别人。

尽管边界如此重要，但直到最近，人们才开始公开地谈论它们。这意味着，很多成年人从未被教导过可以拒绝那些被强迫的拥抱、问候和肢体接触，也从没有去探索自己怎么最舒服的打招呼方式。因此，当人们说你粗鲁时，很可能是因为他们自己从未被教导过可以对这些事情说"不"。

你的身体属于你，你可以制定自己的规则。为了"礼貌"而忽视自己的需求，意味着你没有去倾听自己的感受。让自己感到舒适，比让别人认为你有礼貌更重要。如果他们还是认为你无礼，那就随他们去吧。只要你已经对自己的底线进行了清晰且公正的说明，你就可以自信地一往无前，因为你清楚自己并没有做错什么。

对你有帮助，并不意味着对他们也有帮助！

正如我之前说过的，你的边界可能因人而异，但你知道你的边界也可能随时间而改变吗？比如我喜欢和亲近的人拥抱，不喜欢拥抱那些我几乎不认识的人；但当我生气的时候，无论对方是谁，我都不希望他碰我。我需要自己的空间，只有当我的怒气消散之后，我才会觉得拥抱是让我舒服的事。我知道，你可能会觉得拥抱可以让生气或者难过的人感觉好一些，所以你会伸手去安慰他们。这个姿态很好，但最好别做假设。拥抱可以让你感觉更好，并不意味着拥抱会让别人感觉更好。解决办法很简单，直接询问就好："要抱抱吗？"

这时，对方可以拒绝，也可以告诉你他们究竟想要什么。谁知道呢？他们可能确实需要自己的空间，这会让他们感觉更好。现在当我想要拥抱却没有人给我的时候，我知道可能是因为别人不知道这对我有用，所以我不应该伤心，而是应该主动表达："你能抱抱我吗？"

当你养成询问而不是假设的习惯时，你实际上是在征得对方的同意，并请求对方让你知道该怎么帮助他们。如果你愿意，也可以问得更直接一些："现在，我能做点什么来帮你吗？"

即使在这些微小的时刻，征得同意也是确保每个人都感到舒适的最佳方式。

记住：你的身体，你做主！

你的初吻

我是身边所有朋友中初吻最晚的人。那是在我十八岁上大学的第二天。我非常担心！接吻时到底要怎么做？手要放在哪里？舌头伸向哪里？和吻手背的感觉一样吗？如果我刚吃过东西，嘴里有味道怎么办？对方会在吻你之前询问你吗？我对自己的初吻比所有朋友都晚感到很不自信。但如果当时你问我，我其实一点也不想吻别人。坦率地说，我亲吻别人无非是因为：

- 我不想被冷落。

- 我不想被认为是怪人。

- 我不想因此而受到指责。

现在回想起来，这些理由听起来并不像是亲吻别人的合理理由。但当时的我错误地认为，如果你到了十八岁还没有初吻，那你就有问题，说明你不够漂亮、不够帅气或不受欢迎。我希望我当时知道这一点：

你可以一直等待，直到准备好为止

对我来说，接吻就像是成长过程中至关重要的一部分，同时也像是待办清单上的一项事务。事实上，我在十六岁那年还曾经欺骗了我所有的朋友，假装我曾和某人接过吻，因为我担心如果不这样做，他们就不愿意和我做朋友了。

但任何人都不应该因为压力而降低自己的底线。如果有人这样对你，他就不是一个好朋友。真正的朋友会鼓励你一直等待，直到你准备好了。当你终于有了那个吻，他们也不会小题大做。或者，他们可能也还是会，但那是因为他们为你感到兴奋！

如果不亲吻别人是别人不喜欢你的理由，那就**让他们不喜欢**吧。我们不应该做一些让自己不舒服的事情来说服别人喜欢我们。你的初吻与他人无关，也不需要公之于众。这是你的隐私。你可以说：

"我不想谈这个。我们结束这个话题，谈点别的吧！"

如果你还没有为接吻做好准备，那就慢慢来。每个人都可以按照自己的节奏生活，如果有人想吻你，而你还没准备好，那你就只能这么说了：

"不，我还没准备好。"

如果你改变了主意，可以说出来，但要确保你做的是自己想做的事，而不是在别人的劝说或强迫下做的。如果在你说"不"之后，还有人不断地向你施压，这就是**胁迫**。

> **胁迫**：通过施压、威胁或强迫的方式，劝说他人做他们不愿意做的事情。

可能有人对你说"如果你不吻我，我会告诉所有人，你很奇怪"，或者"无论如何我都会告诉所有人你吻了我，所以你最好现在就这么做"。说这种话的人，不值得你亲吻。

重要的是，你亲吻的对象必须能够接受一开始被拒绝。拒绝并不是邀请对方继续尝试。当你说"不"的时候，对方应该坦然接受，给你空间。如果对方不愿意等待，那么早点知道对方是这种人也没什么不好。你愿意和对方在一起，并不仅仅是想要亲密关系，还希望你们能够一起聊天，享受那些与接吻无关的乐趣，放松地共度美好时光，而不用为那些你不愿意做的事情承受压力。

如果对方是个好人,一开始接受了你的拒绝,但你想让他知道你对他仍然感兴趣,你可以告诉他:

"我依旧喜欢你,只是需要你再等一等。"

或者:

"我需要更多的时间来了解你。我们能不能慢慢来?"

如果你在开始接吻后改变了主意,也可以让他停下来。倾听自己的感受,倾听自己身体的感受,这是理所应当的事情,无需解释。事实上,你不想做了,就已经是充分的拒绝理由。你不必因为拒绝或是改变主意而感到内疚。一分钟前你的回答可能是"是",而现在你的回答可能是"不"。无论你的回答如何,你去亲吻的人都应该是善良的。如果他们的善良取决于你的某个答案,那么这个人就压根不值得你亲吻!

当我吻过一个人之后,我意识到这并不像大家说得那么重要!初吻只是初吻,仅此而已。所以它不需要完美,也不需要是最好的。毕竟,初吻也很难做到最好,因为这是你第一次做,你不会期待自己第一次跳进泳池就游得像奥运会选手一样吧!

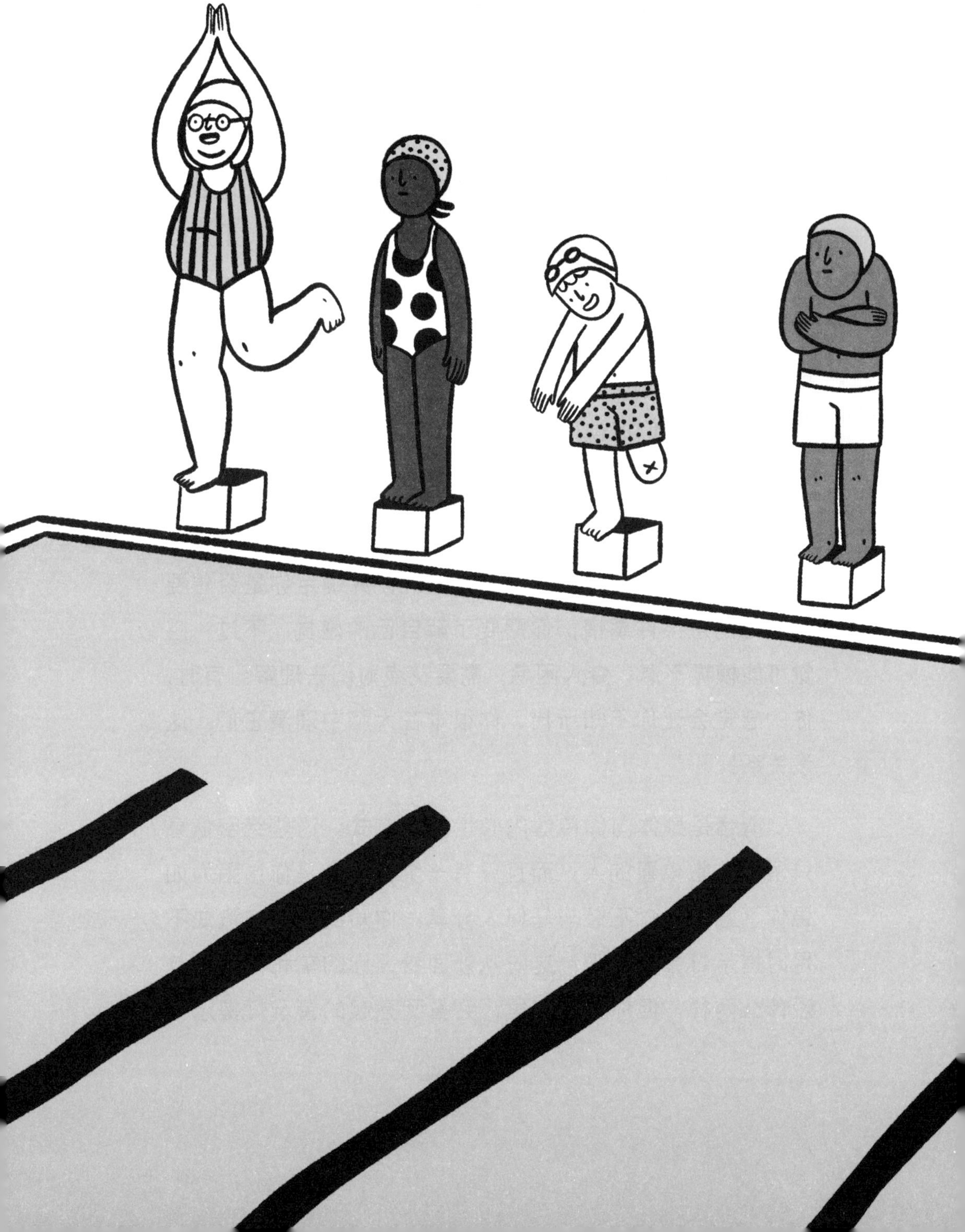

如果不是百分百愿意，就是拒绝

这一节很短，却是本章最重要的部分。正如上一节所讲的，"不"就是"不"，尤其是在涉及你的身体、是否同意别人对你的碰触时，这一点尤为重要。当你说"不"的时候，你的意思就是"不"，而不是"继续说服我"，不是"再努力一点"，不是"我其实是同意的"。"不"就是这么简洁直白，要不还能是什么呢？

我想和你们谈谈"**热烈同意**"。"**热烈同意**"把"没有拒绝"和主动"想要"进行了区分，把标准从"感觉还可以"提高到了"比还可以更好"。

要想知道什么对你来说感觉良好，并确定你是否想要热烈地同意某件事情，你需要了解自己的感觉。不过，感觉可能模糊不清、令人困惑，需要花点时间去理解。有时，你的感觉会让你不知所措，你很难在大脑中理清它们。这没关系！

情绪是身体向你传达内心世界的方式。这些绝密信息只留给非常重要的人，而且只有一个，那就是你！因为如果你不愿意，就不必与任何人分享。你知道汽车在汽油不足时提示灯会闪烁吧？这时从外面看，你的车和其他车并没什么两样，但你坐在车里，会看到亮起的警示灯提示你出了一些问题。情绪的小警示灯与此类似，也是在告诉你有些事情不太对劲，请记住这一点：**如果不是百分百愿意，就是拒绝。**

为什么这会更好呢？因为这时候你完全不用停顿、思考或怀疑，你知道这就是"热烈同意"。你能感到这个"是"发自你的内心深处，毫无疑问、百分之百地确定。当你说"是"的时候，你感觉好极了。有这种感觉就对了。如果没到这样的程度，那就是"不"。哪怕你只是觉得有点不确定，或者你的胃觉得有点不舒服，或者大脑一直在质疑要怎么做，只要你的警示灯在闪烁，那就意味着你需要放慢脚步，三思而后行。

有时我们很难知道自己在某一时刻的感受。我经常想知道别人是怎么做到那么快地思考和说话的，因为有时我会需要一段时间才能跟上大脑的反应，然后才能想出要说什么。这就是为什么我会在整本书中经常给出一些适合某些场合的例句，这会为你节省一些"想"的时间。希望这些随手可得的句子可以跳进你的大脑，帮你解决问题。这里还有一些：

"我不舒服，我需要你先别碰我。"

以及：

"我已经让你停下了，请尊重我的意愿。"

我想让你知道的是，你不需要华丽的句子，"不"就足够了。"不"就是一个完整的句子。如果你在那一刻找不到任何其他词语，那就说"不"。

常常使用"不"，坚定地说"不"。

不必为你的边界而道歉。

当你觉得不舒服的时候不用坚持。

不要为了照顾别人的感受委屈自己。

身体边界的十条规则

1. 你不必拥抱任何你不想拥抱的人。

2. 尊重他人的个人空间。

3. 如果有人让你感觉不舒服，直接说出来。

4. 拒绝身体接触并不失礼。

5. 你可以拥有与他人不同的身体边界。

6. 在触摸他人身体前，向其征求对方的同意。

7. 你可以决定如何与人打招呼。

8. 不想做某事，就是拒绝的充分理由。

9. 永远不要通过亲吻来让对方喜欢你。

10. 你可以随时改变主意，即使同意过也可以反悔。

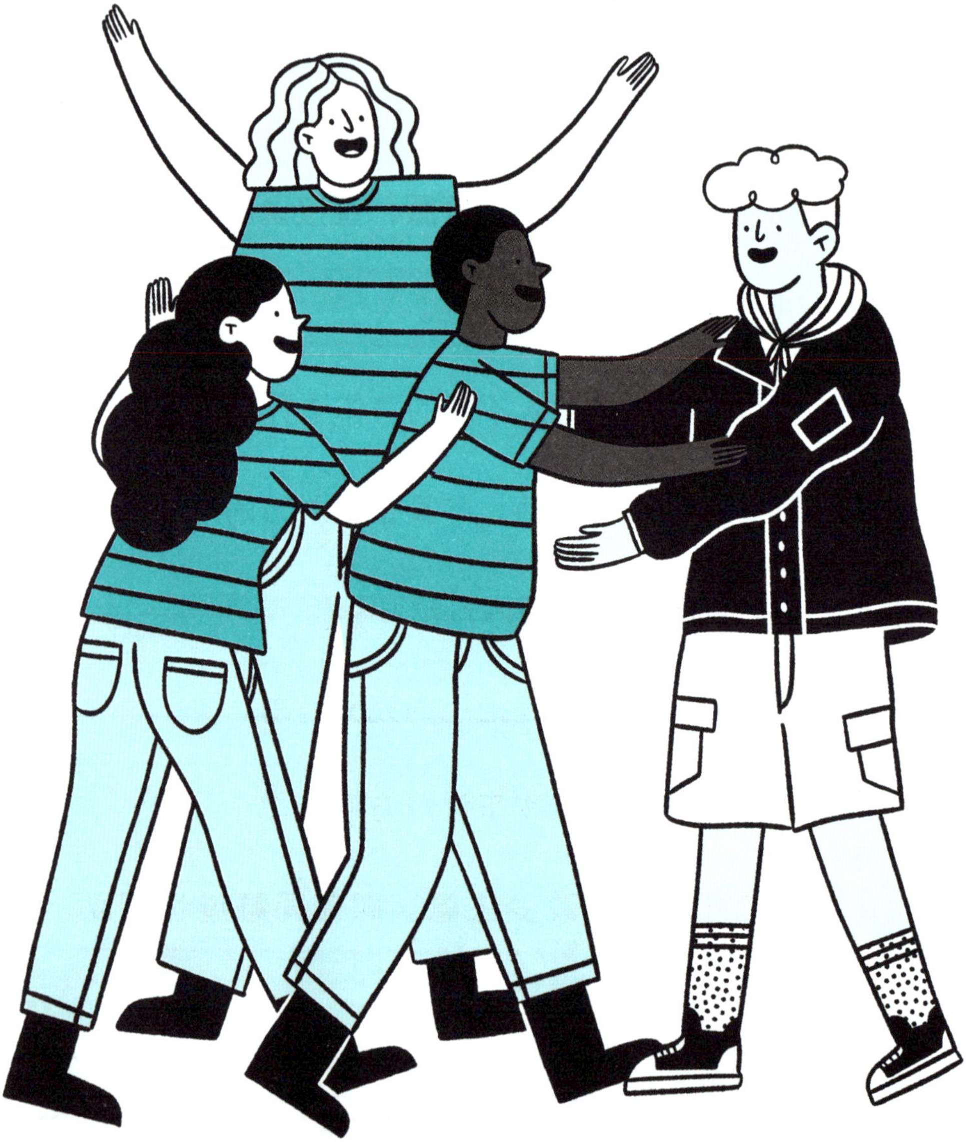

第 6 章

没有人可以定义我的美

- 我怎样做才能对自己的穿搭打扮更加自信呢？
- 如果有人讽刺我的外貌，我该怎么说？
- 为什么我看起来跟朋友不一样？
- 我怎样做才能对自己的外表感觉更好？
- 怎么拒绝随大流？

随着年龄的增长，我们可能会想要尝试自我表达，对发现和探索真正的自己产生浓厚的兴趣。你可能想尝试新发型或新衣服，你可能会发现自己在不断找到新的乐趣，不停地改变自己的想法。其他人可能会告诉你，你需要以某种固定的形象出现，但不，不，不！你是独一无二的自己，没有人应该定义你的外貌、你的穿着，甚至你是谁。

这是我的世界、我的主场

你知道学校里那些允许随意穿自己衣服的日子吗？这本应该很有意思，但很多时候却又带来了新的烦恼。有时候，你花了几个星期计划穿什么服装，但还是会担心它不够酷！你是否想过偷偷地把头发染成某种疯狂的颜色，或者把牛仔裤变得独具个性，但又害怕别人说三道四？好吧，我在这里告诉你，随大流掀不起新的时尚潮流。你生来就是与众不同的，你的自我表达很重要！

在其他日子里，你们只能穿校服，虽然这会让你在早上更加轻松，不用考虑穿搭，但当大家都穿着同样的校服时，就很难展现个性风格了。花朵既美丽又不同，人类也是如此。无论你收到的花是玫瑰、水仙、郁金香还是雏菊，它们每一朵都很美，搭配在一起也很美，因为他们都是独

特的，而且在用自己的方式绽放！

你听说过"情人眼里出西施"这句话吗？这是真的！你有没有在美术馆里遇到某个作品，让你十分错愕：这也能叫艺术？可能别人觉得那是一件华丽而有力的艺术品，但你就是看不明白，不就是白纸上的一条黑线吗？这没关系。

服装和时尚也是如此——你觉得美的，别人可能并不觉得。但这不重要，也不应该重要。

选择如何打扮自己，是一种表达自我的绝佳方式。而这一切的关键在于，你要知道你不能对别人的穿着表达负面意见；同样，别人也不能对你的穿着表达负面意见。当有人不请自来，对你品头论足的时候，你该怎么回？"不。"

"我并没有征求你的意见，所以如果你能保持沉默，我会非常感激。"

"嗯，我喜欢我的衣服——它让我高兴，这就够了！"

在这个世界上行走，就像在参加一场时装秀，人行道就是你的走秀台。这实在是太有趣了。诀窍在于，你必须对自己的穿着充满信心！你能想象模特走在台上时弯腰驼

背、尴尬无比的样子吗?那样就太奇怪了!当她们自信地走在台上时,无论她们的服装有多么怪异(老实说,时装

秀上的某些服装可能真的有点怪异），都瞬间能变成引领潮流的标杆。这是因为她们走起路来充满了自信。

你的工作就是发现自己的美！

当我上学的时候，我和所有朋友看起来都不一样。我以为不一样就意味着我不漂亮，有时我甚至觉得自己很丑。我是混血儿，肚子上有疤痕，而且很胖。我真希望我当时就知道，漂亮并不等于符合"主流审美范式"。

有些规模庞大的行业，试图向我们推销一种模式化的美，这就是所谓的"标准美人"。"标准美人"就是那些在你眼前高频出现的美人模版——无论是在社交媒体、杂志、时尚走秀台还是电视上。这种标准会渗透到日常生活中，因此学校里被认为最漂亮的人往往是那些碰巧在那时看起来像标准美女的人。"标准美人"主要是由时尚、美容和饮食行业构建的，这些行业会告诉你，你需要变得更瘦、更高或其他他们认为"时髦"的样子，这样才会好看！他们的目标永远是赚钱。因此，举例来说，你可能会看到一些公司打出"金发女郎更快乐"的广告。但如果你不是金发呢？真的要变成金发女郎才更快乐吗？当然不是！但是，如果他们散布广告，说改变发色可以增加生活乐趣，那么他们就可以坐等所有金色染发剂从货架上被取走，为他们赚取更多的钱！

美的
标准
总在
不断变化。

因此，不可能总是流行直发。当直发流行时，你去买了直发器。几周后，又流行起沙滩波浪卷，于是直发器不用了，这次要买卷发棒了。这些商家想让你对自己的长相感觉不好，因为这意味着他们可以不断地向你推销产品，从你的不安全感中赚钱。不过，如果你已经相信自己是美丽的，那么他们就不能继续赚你的钱了！

想想看，如果他们告诉你，你的牙齿发黄了，你可能会购买牙齿美白产品。如果他们告诉你，你牙齿的颜色是完美的，那就没什么好卖的了。如果公司告诉你，完美无瑕的皮肤是美丽的，你就会买护肤霜来遮盖瑕疵，买化妆品来掩盖斑点。如果他们告诉你，斑点是正常的，没什么好尴尬的，那么他们就赚不到钱了！

我跟标准美人差得很远，但这并不意味着我不漂亮！在我成长的过程中，美的标准是越瘦越好，人们会担心："穿这个，会不会显得屁股很大？"但潮流会突然改变，大屁股变得流行起来。一夜之间，人们的审美观念发生了转变。之前我们一直在担心自己的屁股是否看起来太大，现在这一切都不再重要了！这就是为什么我们不能把自己的观点建立在主流审美标准的基础上。你必须记住，别人的意见没有你自己的意见重要。

我是混血儿，肚子上有伤疤，而且很胖，但我仍然相信自己是美丽的。知道为什么吗？因为我看到了自己的美！我微笑的时候，眼睛跟我的华裔妈妈一样炯炯有神。我喜欢我有像犹太爸爸一样浓密的眉毛。我喜欢我看起来与众不同。年轻时让我担心的所有不同之处，现在都让我喜欢，它们让我与众不同。要一直喜欢自己的样子可能很难，但你需要**接受**自己的样子。你只有一张脸和一个身体，而且你们会在一起度过很多时光。有时候，我们对自己的身体太苛刻了，但我们必须记住，我们是同一个团队。

如果自己都看不到自己的美，怎么能奢望别人看到呢？

如果你自己都对自己不好，别人又怎么会对你好呢？

今天，让我们花点时间来关注自己身上的美丽之处吧！如果你发现了以前从未发现过的东西（比如鼻子上的雀斑），那就给自己加一分。照照镜子，每当你的脑海中出现消极的想法时，我希望你能想出两件积极的事情。然后，退后一步，从整体上审视自己。有时，当我们把注意力集中在不喜欢的事情上时，就会过于仔细地观察自己的脸或身体的某个部位。当你看到全貌时，就会更容易看到好的一面！

还记得我说过，边界就是告诉别人要如何对待你吗？这意味着你需要以身作则。你必须以最好的方式对待自己，然后其他人才会这样做。善待自己是你的职责所在，当内心那个讨厌的批评者出现时，我要你对它说："**不，我不应该受到这样的对待。**"

你的感觉比外表更重要。

要想坦然地接受自己的长相，关键在于要意识到，你的感受远比你的样子更重要。比如，你会不会在体育课上担心自己做操的时候看起来很傻？如果你把注意力放在自己的感受上，聚焦于自己玩得有多开心，你可能就会发现自己对外表的担忧烟消云散了。

如果有人觉得你跳舞的时候很傻呢？**傻就傻吧！** 你存在的意义不是要每时每刻都保持完美。你活着是为了享受生活，享受乐趣。

你不仅仅是一个躯壳。

你的想法才是最重要的!

当我不想化妆时,我就不化妆,哪怕其他所有朋友都化了妆。我非常喜欢穿裙子,所以有时我会穿着飘逸的裙子参加一些休闲活动。这时候,经常有人评论:"你打扮得这么漂亮要去哪里?"我不需要什么特殊场合。我想怎么穿就怎么穿,这个规矩是由我自己定的。当有人告诉我他们不喜欢我穿的衣服时,我会说:"不,我没有征求你的意见。"

拥有良好的边界,意味着更看重自己的想法,而不是别人的。如果你坚持自己的喜好,说不定最终会引领新的潮流。

你甚至可以向你的朋友示范怎样更温柔地对待自己!就像你守护自己、抵御恶言恶语的时候一样,当你听到朋友贬低自己的时候,你也可以成为他们的铠甲卫士。每当我听到朋友贬低自己或自己的长相时,我会说:"嘿!你说的是我的朋友。别这样跟她说话!"

这有助于让他们认识到,我们永远都不应该看低自己。我们要善待自己!**我们要把权利收归自己所有!**只有我们自己才能决定什么美,什么不美。

社会还创造了一种奇怪的规则,即女孩和男孩应该长成什么样子。这就是所谓的性别偏见。性别偏见非常普遍。

它把性别差异这种本不应该被简化的事情过度简化了。性别差异非常复杂，要比"所有男孩都喜欢一种东西，所有女孩都喜欢另一种东西"这种想法复杂得多。是谁决定了女孩就要喜欢化妆，男孩就要喜欢运动？我们都应该能够挑选自己喜欢的东西，而不是遵循一些被随意划定的规则。从服装、化妆到爱好，任何人都不应该因为性别而受到限制。每个人都有去尝试和发现自己兴趣的权利。**打破成见吧!**

现在，是时候对那些把你限制在一种死板的美的标准形象中的社会压力说"滚蛋"了。我们不必拘泥于狭隘的美的标准或性别偏见。我们每个人都可以用自己的方式绽放出独具个性的美丽，这没有高低上下之分。最重要的是，美貌并不是世界上最重要的事情。更重要的是要快乐，善待自己和他人。如果有人试图告诉你，你必须改变自己的身份或容貌，那么我希望你说：

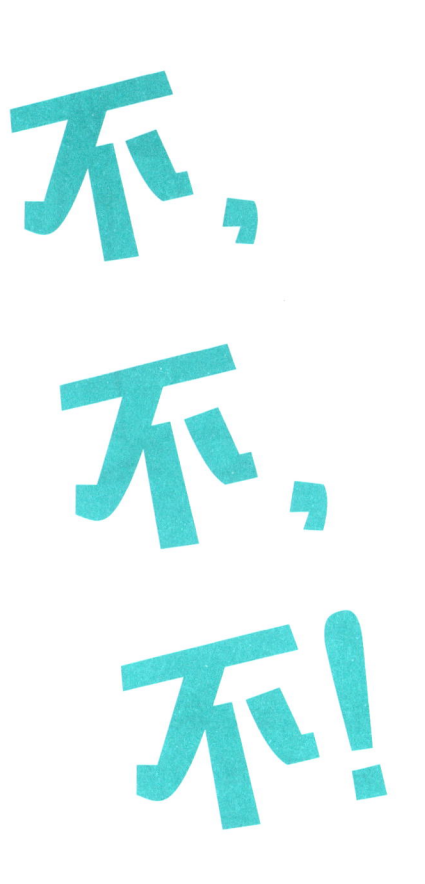

不，不，不！

守护你的身体

身体的不断变化，会让你觉得像是在穿越雷区一样。在这种时候还想努力保持自尊，就更困难了。成长的体验可真糟糕啊。我们刚刚适应了自己的身体，努力接受了它的样子，然后它就变了！它带来了疼痛，奇怪的地方长出了毛发，还有一些像月经这种你不得不去搞清楚的烦心事。我们要么担心自己发育晚了，要么又怀疑自己发育早了。改变总是一件很困难的事。这是一段艰难的时期，所以你一定要宽待自己，成为自己身体最好的朋友。如果你不这样做，别人也不会这样做！

我一向觉得人们念叨自己的身体特别无厘头，明明不想别人关注，却没完没了说个不停。想象一下，如果你的一个朋友非常在意自己的手肘，哪怕别人都觉得正常，但他就是觉得怪异，说个不停。这时候别人能怎么办呢，当然会盯着看了！

当我第一次参加生涯教练的培训时，我意识到，每个人都会产生不安全感。就说那些觉得自己的身体形象有问题而来找我的人吧，他们全都是因为别人的恶意评论产生了不安全感，已经影响到了他们对自己的看法，无一例外。我们不能纵容这样的事情发生！我们永远都不应该去附和霸凌者的观点！你也绝对不应该成为他们的一员。有时，我们会在别人开我们玩笑之前先下手，试图用对自己的取笑阻止别人对我们造成伤害。但事实上，这意味着你成了那个伤害自己的霸凌者。记住，你的身体也会听到你的取笑！要知道每天跟你的身体同在的不是别人，而是你自己！所以，当你自己这么说的时候，你的身体会更受摧残。因为你和你的身体共生，共同经历一切，别人不会参与其中。我们必须成为自己最好的保护者。

拒绝别人对你的外表妄加评论！

不要与自己的身体作对！

对身体羞辱说不！

什么是身体羞辱？

身体羞辱是指别人对你的外表的贬低。比如说他们不喜欢你的长相，告诉你要改变自己的身材，或者用"丑陋"等字眼侮辱你，这些都是身体羞辱。它还可能包括对体重、头发或外表的评论。身体羞辱非常刻薄，因为身体与生俱来，我们无法选择。你能想象如果我们只对穿 39 号鞋的人友善吗？那就太奇怪了，不是吗？那么，为什么我们似乎对人们的体型和胖瘦有不同的感觉呢？如果我们可以接受脚的尺寸从 11 厘米到 18 厘米不等，那么我们也应该接受身体的差异！

身体羞辱是不能接受的，永远不能！

别人对你的外表的恶意评价会在你的身上留下伤痕，久久不能愈合。因此我们难免会感到伤心难过，这是很正常的。如果你发现有人试图让你的身体蒙羞，那么你可以设置一个强大的边界：

"请不要再评论我的身体了。"

如果有人继续对你的身体说三道四，这时你有简单、中等和高级三个选项。虽然你现在还做不到高级选项，但我希望你能不断为此而努力。

简单选项： 从谈话中退出。找一个理由离开，比如要去另一个房间拿点吃的喝的或者要去上厕所，等他们换了一个与你身体无关的话题再回来！

中等选项： 用沉默不语摆脱身体羞辱。是的，完全的沉默。沉默会让人尴尬，而应该感到尴尬的正是他们！沉默会中断谈话，这甚至会比反击或辩解能让对方更快地意识到你的不满。反正你也不需要为你的身材向他们解释什么！

高级选项： 这是我最喜欢的选项，也是我唯一使用的选项。当别人谈论我的身体时，我会请他们停下来。如果他们还说个没完，我就会说：

"**我已经说过不要再谈论我的身体。我不想在这个谈话中继续被侮辱，所以我要离开这个房间，等你准备好谈别的话题时再来找我吧。**"

也许现在你会觉得自己永远不可能这么说，但相信我，你一定能做到。如果一个人对他们进行身体羞辱，**羞辱者永远是错的一方**。一旦你意识到这一点，就很容易坚定立场。我们需要杜绝一切身体羞辱。

家人也会对你进行羞辱！

有时，身体羞辱甚至会来自我们的家庭。成年人和我们在同一个世界里长大，这意味着他们也可能会认为只有一种美。这实在是一件不幸的事情。我们通常会发现，对别人进行身体羞辱的人，往往也对自己的身体不满。让孩子感到羞耻的父母，可能在年轻时也曾被自己的父母羞辱过。尽管如此，如果这种羞辱来自你最爱的人，还是最令人心痛。我想让你知道，如果父母对你进行身体羞辱，他们同样是错的。就像阻止朋友或陌生人一样，你也可以让父母家人停止对你的身体进行羞辱。如果他们继续谈论你的身体，你可以选择离开房间。没有人应该为自己的身体感到羞耻，如果你的家人不知道如何接受自己的身体，也许你们可以一起踏上这段疗愈之旅！

开启身体自信的钥匙

我花了很多年时间学习如何爱护自己的身体。好消息是,只要你用心设定边界,对打击你自信心的人说"不",你看待自己身体的方式就已经改变了。我之所以深知这一点,是因为我也曾经对自己的身体缺乏自信,但是现在我完全接受了自己的身体,不希望它有一丁点改变。我全心全意地爱着我的身体,我对得到这样的身体充满了感激之情。

**一切
从欣赏
和尊重
开始。**

你不必每时每刻都喜欢自己的样子，但你必须尊重自己的身体。还记得我们讨论过的尊重吗？你如何对待那些你尊重的人呢？你会彬彬有礼、和蔼可亲。至少你可以赞美自己的身体能做到的事。有些人的身体不像其他人的身体那样什么都能做，但我们对它**能**做到的事情应该不吝赞美。重要的是牢记：你的身体独一无二、无可替代。

我们用了太多时间盯着自己身体的缺点，却很少注意到自己身体的优点。现在，让我们花点时间来做这件事吧。拿出纸笔，把下面的句子填完整：

我爱我的身体，因为……

我爱我的身体，因为……

我爱我的身体，因为……

我们的身体是最棒的。没有它们，我们就不会在这里！它们为我们做了这么多，却不求任何回报，所以我们最起码要善待它们！我们的身体之所以是最棒的，部分原因在于它们与众不同！我们不是像姜饼人一样从同样的模子里刻出来的，我们每个人的身体特征、肤色、体型、身高和性别，都不相同。有些人有可见或不容易发现的残障。那些认为我们应该都一样的人，可能会抵触差异。但我们必须记住，与众不同并不是一件坏事。**它是美好的，因为它意味着你是独一无二的！**

我的肚子上有很多疤痕。在我成长的过程中，人们常常对此出言不逊。但世界上没有人的肚子像我一样，这多酷啊。当我意识到这一点之后，我忽然发现，我肚子上这些手术疤痕实际上画出了一个微笑。所以，如果你看到我穿着比基尼在泳池边闲逛，你能看到两个笑脸正对着

你——一个在脸上，一个在肚子上！

你的身体现在可能正在发生变化，要适应所有的新变化，可能需要很多努力和时间。但是，通过对身体羞辱说"不"，学会欣赏和尊重自己的身体，我相信你会做到的。

你的身体本来就很完美，你和你的身体是一体的。你的身体是从你出生的第一天开始就一直陪伴你的挚友。因此，如果有人试图让你背叛它，用你的忠诚回敬他们吧。如果你不去捍卫它，就没有人会捍卫它了。

没有人应该对自己的身体感到自卑，无论它们长什么样！

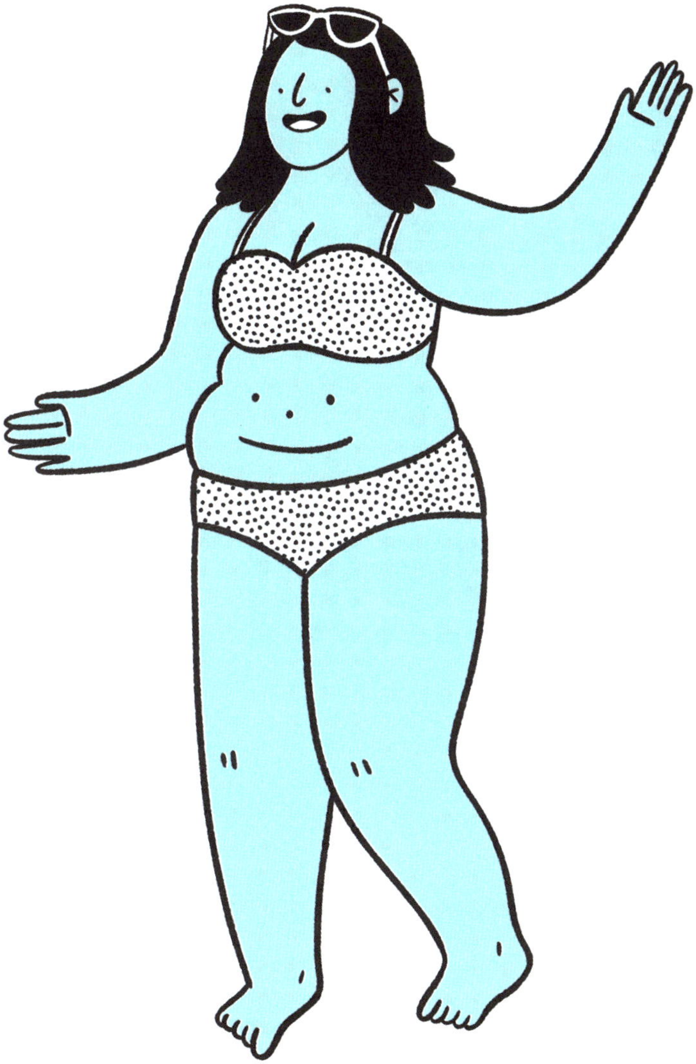

关于
身份和
自我表达
边界的
十条原则

1. 你的身体你做主。

2. 发表意见之前应该先询问。

3. 你可以决定如何表达自己，也可以随时改变主意。

4. 你可以自己定义美是什么，无须征求别人的同意。

5. 身体羞辱是绝对不能接受的。

6. 你不必在意别人的看法。

7. 做自己的铠甲卫士。

8. 你和你的身体是一体的！

9. 你不一定非要爱上自己的身体，但你至少应该尊重和欣赏它。

10. 你本来就很完美，不需要为任何人而改变。

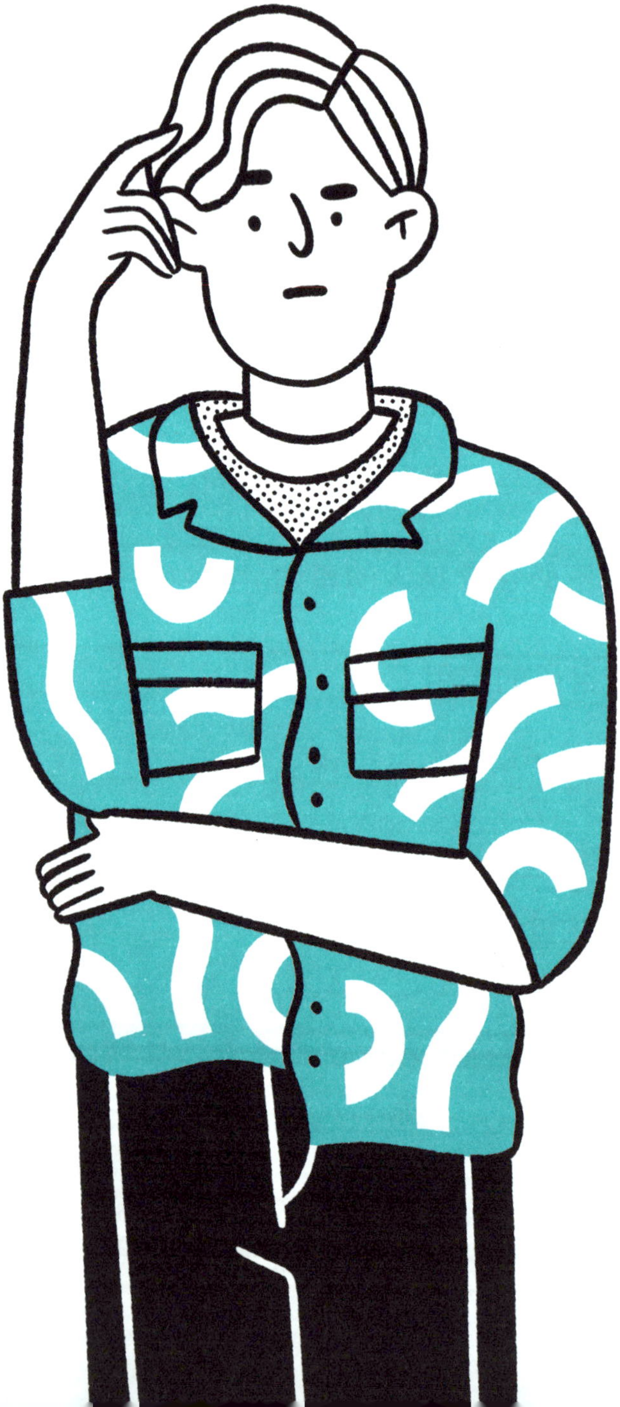

第 7 章

从今天开始说"不"

- 从哪里开始?
- 如果我不够坚强怎么办?
- 应该最先设定的边界是什么?
- 我怎么知道什么时候应该适可而止?
- 当别人说"不"时,我该如何回应?
- 如果有人不接受我的"不",该怎么办?

在结束本书之前，我还想提一些实用建议，帮助你理解要如何以及何时说"不"。我们要讨论如何在自己的底线被践踏时及时察觉，这样你就知道在合适的时机要做些什么。我们还将讨论如何关注自己的情绪，因为情绪可以给出明显的线索，让你知道什么时候该说"不"。我希望这能帮助你更自信地回到外面的世界，做好准备去设定明确的边界。因为你理应为自己的生活制定规则。

不行！不要！我不同意！现在不行！

我们要找到适时、适度地说"不"的平衡点。如果我们总是说"不"，我们最终会把自己的世界变得非常狭小，并可能会因为害怕而放弃尝试有趣的新事物。但如果你从不说"不"，你就会为了别人的要求而疲于奔命。如果你永远学不会如何坚持自己的观点，你就很难了解自己的真实感受，任由别人践踏你。

那么，合适的平衡点在哪里呢？关键就是明确自己的底线边界，当底线被逾越时就说"不"。为了知道哪些边界对你来说最重要，你需要了解自己的情绪。情绪对于了解如何跟别人沟通、如何设定边界非常重要。第一步，就是忘掉所有你以前对情绪的认识！

我们被灌输过很多关于情绪的知识，其中很多都是混乱和错误的。因为即使是我们生活中的成年人，往往也不知道该如何处理情绪。这真的不是他们的错。学校里又没有一门课叫"如何处理你的情绪"。哇，我倒是希望有这门课！那就让我们开始吧。

欢迎来到情感大师班！

规则 1：所有情绪都是有益的。

有时，我们会被告知有情绪是一件不好或者不对的事情，因为其他人对情绪感到不舒服。但他们感到不舒服的唯一原因是，在他们像你这么大的时候，从来没有人告诉过他们情绪有多么强大和重要。

规则 2：每个人都有情绪！

有情绪不应该受到嘲笑。这并不意味着你软弱或过于敏感。你也没有夸大其词！你完全可以伤心。有时，这个世界似乎希望你像个没有感情的机器人一样走来走去，但如果你能够倾听自己的情感，它们就会成为你的超级力量，同时还可以帮助你设定边界！

规则 3：想法会产生情绪，但想法并非总是事实。

你知道情绪是因想法而产生的吗？这很容易证明，让我们来做个简单的实验吧。想象自己咬了一口柠檬，真实地想象一下。你会流口水吗？看，我就说吧！你只是假想了一下咬柠檬，身体就对酸味做出了反应，哪怕当时并没有真实的柠檬存在。因为你的潜意识无法区分想象和现实。当你想象一些有压力或者不愉快的事情时（比如每个人都讨厌你），你的身体就会开始感受到压力，因为它以为这是真实的！这就是为什么我们必须要对自己的想法更加谨慎，要注意有哪些想法是被我们过度关注了。

规则4：你的感受也很重要，哪怕别人不理解。

你是否曾见过蹒跚学步的孩子因为鞋带松了这样的芝麻小事而哭得一塌糊涂？你肯定好奇他们干吗这样小题大做。但对他们来说，这就是世界末日。你必须记住，他们更小，他们的世界也更小。如果有人在这个时候告诉他们这样很傻或者他们反应过度了，起不到任何帮助。无论你多么不以为然，无论你觉得他们有多傻，但他们的感受都是真实的，这才是最重要的！你们的情绪也是一样。哪怕没有人能够理解为什么某件事会对你有如此影响，你的感受也是有效和重要的。

但是，情绪跟说"不"有什么关系呢？关系大了！情绪是暂时的。如果你倾听它们，并按照它们的指引去行动，它们会更快地消失！所以当别人越界让你产生了负面情绪的时候，如果你启动边界保护，那么情绪就会噗地消失！

愤怒和怨恨：了解是否越界的秘密武器！

让我们来谈谈愤怒吧！这种非常重要的情绪会提醒你边界被打破了，它会让你充满能量。你有没有过这样的经历：已经筋疲力尽的时候，忽然遇到一件令你讨厌的事情，你顿时生起气来，立马精神抖擞！愤怒之所以能让你精力充沛，是因为它就是为了给你力量，让你能够挺身而出。愤怒就是这样美妙。但它的名声不好，这是因为人们给它掺杂了别的东西。有时人们能量激增的时候，不知道该如何将这种能量转化为说"不"的力量，相反，他们会大声尖叫，变得咄咄逼人。

情绪本身并没有错，错的是你表达情绪的方式。感受到愤怒是一件好事，因为这意味着你知道自己的边界在哪里，但大喊大叫或对他人动手是绝对不行的。愤怒不是失控的理由，记住我跟你说过的话：你总会希望对自己的所作所为感到自豪！当你注意到自己的怒火时，把它想象成保龄球道上的分道线，一旦有人跨过就要受到警告。这就是愤怒的意义，它让你知道有人越过了你的边界。你可以感谢有你的愤怒来阻止这一切。然后，深吸一口气，决定你要怎么做。我的建议是设定边界！

另一种能帮助你设定边界的情绪是**怨恨**。如果你无视怒火，那你的身体就会产生怨恨，这是它发出的第二次警告。这种情绪会说："我的边界被践踏了，而你却无动于衷！"产生怨恨，是因为你感受到了不公。由于你没有采取任何措施来保护自己，这种感觉就被困在了你的体内。如果我们能在第一时间倾听自己的愤怒，就有可能避免产生怨恨。怨恨是我们的第二次机会。怨恨这种情绪其实与嫉妒同族。没错，就是嫉妒那个红眼怪！我们羡慕那些能轻轻松松设定边界、对别人说"不"的人。对待怨恨，就像对愤怒一样，重要的是把我们的身体感觉和行为方式区分开来。

　　如果你不是直接请求帮助，而是开始用充满攻击性的**负面言语**发泄情绪，挖苦别人从不帮忙或者指责别人偷懒，这可能就是你感受到怨恨的警示信号。这时我们很恼火，但又不勇于言明，于是就闷在了心里。消除怨恨的最好方式，就是告诉那些没有公平待你的人他们做得不对，然后设定一些规则和边界。由于怨恨往往已经积累酝酿了一段时间，所以很容易会让人觉得现在做什么都为时已晚。但是别担心，设置边界永远不会太晚。你只需要用这样一句话轻松开头：

- **"你还记得我们上周的谈话吗？"**
- **"我能和你谈谈你昨天说过的话吗？"**
- **"上个月发生的事让我很不舒服，我想和你聊一下。"**

愤怒和怨恨试图提醒我们注意，那些让我们感到不适的事。我们还要明白，愤怒和怨恨让我们内心难受的唯一原因，就是我们没有去倾听这些情绪。你需要对这种不适感采取行动。你无法控制别人做什么，但你可以控制自己需要容忍什么，以及如何反应。

你的边界在哪里？

你的生活，理应由你自己制定规则。你确定什么让你觉得不舒服，什么是你想要制定的规则，无论别人是否理解。你要首先考虑自己的舒适度！

我们首先要弄清楚你的感受，以及你想对什么说"不"。以下是我举的一些例子，你也可以自己想一些：

当……的时候，我会感到不舒服。

——当我的朋友把我的秘密告诉别人的时候……

当……的时候，我会感到不舒服。

——当人们随便评论我的身体的时候……

当……的时候，我会感到不舒服。

——当人们没有征得我的同意就随意进入我的

房间的时候……

现在轮到你了！回顾一下这本书，看看所有那些我们讨论过的各式各样的边界。通过回想那些让你感到不舒服的事情，你现在可以确定需要在哪些方面设置更多的边界。一旦你确认了那些你不喜欢别人做的事情，就可以反过来告诉别人你想要什么。例如，你可以说：

"当你把我的秘密告诉别人的时候，我很难过。如果你想让我继续与你分享秘密，那你就得保守它们。没有我的同意，不能告诉别人。"

如果你列不出清单，那就先回忆一下过去那些让你感到愤怒或怨恨的事情吧。

就像地图可以给你指路一样，边界会告诉你让生活中的人怎么做才能让你感觉更舒适！

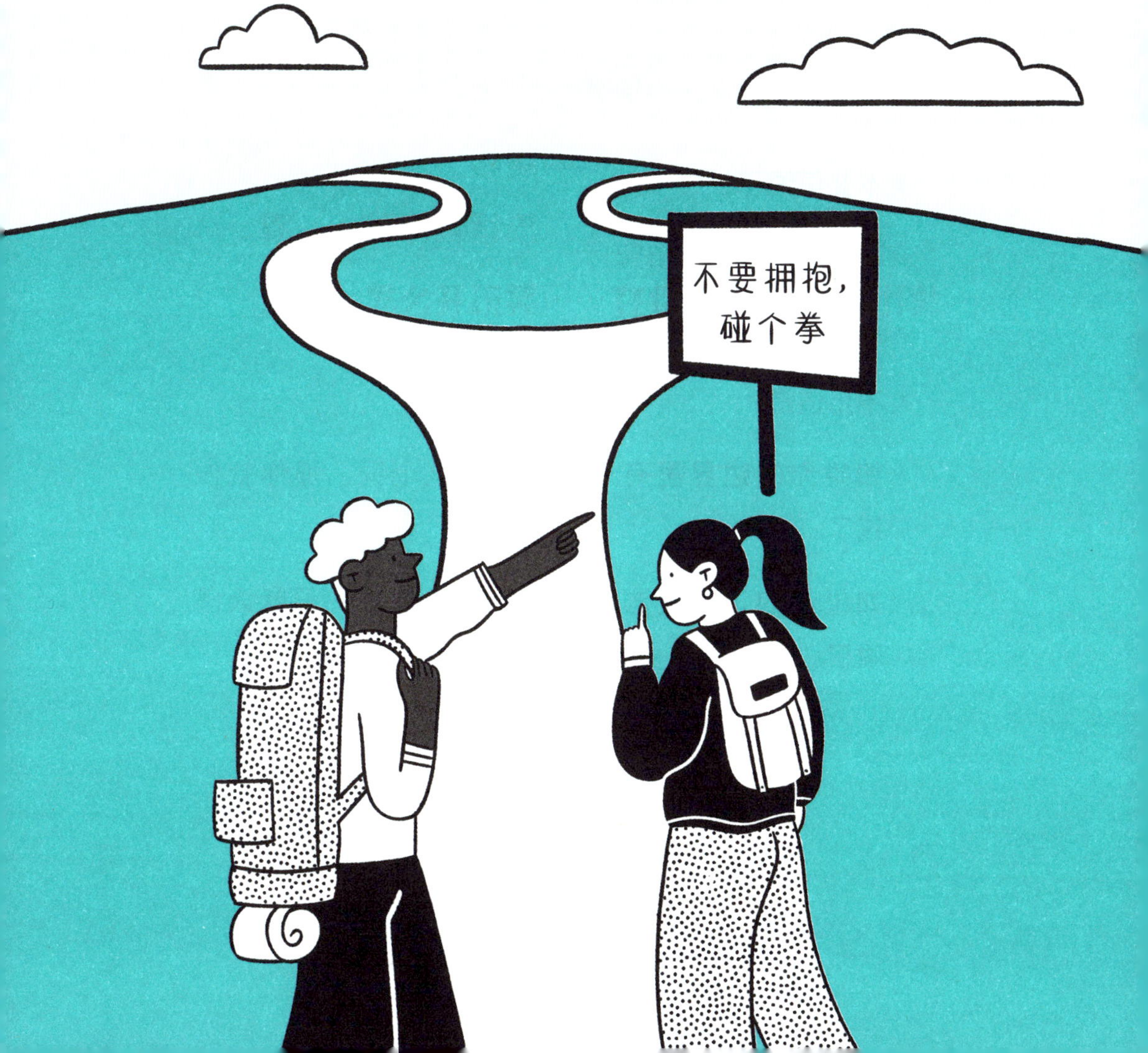
不要拥抱，
碰个拳

简单明了，不用解释

只要说一个"不"就足够了，相当于你举起手来说"停"。我知道，你可能会觉得这似乎是一个不可能说出口的词，所以你一直在做的可能不过只是……

闲聊……

　　　闲聊……

　　　　　闲聊。

- 不要再说了！
- 不要再做过多的辩解！
- 不要再做过度的解释！
- 不用道歉！
- 如果你的边界里有"对不起"这个词，那你就做错了。
- 如果你的边界没法用寥寥数语说清楚，那就太啰唆了。

精炼的是最好的。如果你用长篇大论去解释你的边界，人们会蒙掉，也会忘掉你的本意。而且，这样会把你的决定变成一场讨论，而你的边界是**不需要**讨价还价的。

另一个无需为你的边界寻找理由的原因是，如果你提出了一个理由，那么你就给了对方一个需要解决的问题。比如，如果有人邀请你去一个你不想去的地方，于是你编了个"父母不同意"的借口，那你的朋友可能会主动去跟你父母沟通。这样你不就把自己绊住了？而且，这也会给你父母带来糟糕的影响。他们在自己的生活中已经不得不说很多"不"了。如果每次你不敢拒绝自己的朋友时，都把责任推到他们身上，这是不公平的。你也不会希望他们拿你当借口！

相反，我始终建议你用最简洁的方式实话实说，然后把发言的机会留给对方，如果之后还需要说更多，可以再补充。

尽管"不"这一个字就够了，但我知道要说出这个字并不容易。这里还有很多其他方式可以提出拒绝和反对，本节为你提供了这些选择。以下是我最喜欢的几种说法：

- 这对我没用。
- 这不关我的事。
- 我的日程已经排满了。

- 你不能这样对我。

- 我不擅长这个。

- 我做不到。

- 我需要你停止这样对我说话。

- 我没心情。

- 这不是我的任务。

- 这与我无关。

- 我需要你停下来。

- 这让我很不舒服。

- 我没空。

- 我没那个能力。

你的选择有很多!

也许有人会说，这些话过于直接了。但我清楚，直接点没什么坏处。你完全可以把你设定的边界直接、坚定、自信地表达出来，而且理应如此。如果你总是想东想西，那你最终就会在设定边界时束手束脚，而这正是讨好者的行为模式。如果你不想再做一个讨好者，就要以你自己为中心思考，停止过多地为他人考虑。我希望你现在开始重塑自己的角色——这个新角色在设定边界时不再有所保留，设定边界的方式坚定而公平。

给这个角色起个名字……

在我小时候，我曾被称为"**泼辣姑娘**"。那时候我有很多时间都待在医院，即便如此，我还是会毫不犹豫地告诉每个人我什么时候想要什么。因此，所有护士都叫我"泼辣姑娘"。我——米歇尔——会不会有时犯厌呢？是的，偶尔会的。但泼辣姑娘是个好欺负的人吗？从来不是！因此，我会想一想"泼辣姑娘"会怎么做，帮助我在设定边界时变得更有信心。现在我仍然会向"泼辣姑娘"请教。她就住在我心里，让我成为最自信、最强大的自己。

我的一些追随者甚至会自问："米歇尔会怎么做？"当他们想要设定边界时，他们就会想起我的建议，如果他们追随我的时间足够长，就会在脑海中听到我的声音，告诉他们怎么用我的方式设定边界！在你的生活中寻找一个这样的榜样，他不会怯怯地去讨好别人。然后问自己，如果是他会怎么做？然后就像他那样行动。他们会把自己置于首位，因为他们不怕不被别人认可。不同的是，他们能够说出这句话：

"你可以不喜欢我。"

他们并不试图改变别人对自己的看法，因为他们知道自己可以设定公平而坚定的边界。

决定边界是否成功的关键，并不在于设定边界的技巧，而在于你设定之后的心理感受。不要再关注别人是否喜欢你，而是聚焦于你在设定边界时的自豪感，聚焦于你对自己不喜欢的事情说"不"时所获得的那种惊人的轻松感。专注并沉浸其中，让自己尽情享受它带来的美好。这种感觉令人难忘。当你害怕设定边界或者害怕被别人觉得粗鲁时，只要重温这种感觉，并告诉自己这就是你设定边界的目的就好。这是对你能够勇敢直面困难的回报！

不过我也认为，要让每个人都接受直来直去的方式，那也不公平！我知道每个人都是不同的，有些人天生说话温和，喜欢委婉表达。所以我也会给你一些更温和的选择，让每个人都有机会开启设定健康边界的旅程。但我现在要提醒你的是，哪怕你是全世界最有礼貌的人，别人仍然可能会觉得你设定的边界很无礼。这并不是因为你真的很无礼，而是因为他们还没有熟悉你的边界，或者这让他们无法为所欲为。不要让礼貌阻碍你畅所欲言。

把边界的刺激性减弱的最佳方法是，将句子的重点放在积极情绪上。为此，你可以用"但是"加上一些积极的内容。这里的"但是"就是我们常说的"消除器"，可以让人把它之前的内容忘掉，就像橡皮擦一样。这样，听到

"不"的那个人就会感受到你话中的积极部分，而你也会以更愉快的心情结束对话。

当你要拒绝一项活动时，你可以说：

"我来不了了，但你们好好玩，我已经迫不及待地想听你们分享了！"

当老师请你在放学后帮忙的时候，你可以说：

"我没空，但希望你能找到其他人帮忙！"

朋友让你帮他们完成他们的小组作业时，你可以说：

"我不能帮你，但我相信你！你能完成！"

你的兄弟姐妹要迟到了，想让你等一下，你可以说：

"不行，但我会先去那儿跟你会合！"

你的父母希望你继续上钢琴课，你可以说：

"我不喜欢钢琴，但我会尝试另一种乐器。"

你现在有了一整本充满各种话语和回答的手册，可以试试看哪些适合你。你也许想让它们更加个性化，创造出更适合自己的语言。你甚至可以把自己的话汇集起来，创建一个完整的手册。我喜欢把这些话语存在手机的备忘录里，在需要的时候就可以参考，快速发信息拒绝别人。我还喜欢把以前的对话记录截图保存下来。每当我觉得自己做不到时，就能直观地看到自己曾经成功过多少次。

拒绝就是拒绝

　　当你对某人说了"不",而他们却置之不理依旧我行我素的时候,你该怎么办呢?我马上就要告诉你,该怎么坚持自己的立场,增强你拒绝别人的力量,让自己能始终坚强地守住底线。当你刚开始设定边界时,有些人可能会感到震惊,要给他们一些时间适应你的变化。在他们适应的过程中,你所需要做的就是保持态度一致、坚定不摇摆。如果他们假装无视你设定的边界,那就需要你再次重复自己的话。如果他们在你刚刚设定的边界上不断试探,你就需要坚定地强化它。因为你不会改变自己的主意。

　　我知道,当你设定边界时,很容易会觉得"呼,太好了,这一切就要结束了!",然后一想到还得不断重复,就觉得很累。但如果你此时放弃,那么你第一次耗费的精力就白费了。你必须在生活中一次又一次地重复。我向你保证，随着时间的推移，它会变得越来越容易，用不了多久就会变得自然而然，无需额外耗费精力了。因为它已成了你的本能，也成为你仅存的生活方式了。现在它可能还是会耗费你很多精力，但没有边界和从不说"不"会让人更加精疲力竭。边界就像每天要刷牙一样，昨天设定了边界，并不意味着你今天就不用做了。

其他人可能需要时间来确认你是认真的。让他们认识到这一点的唯一方法就是，无论他们如何试探，你都不断地用同样的方式进行回应。你必须保持一致！你的行为并不由他们的举动而决定，而是**你自己做出的选择**。无论他们如何说服你，我都希望你记住，你的需求很重要，你可以做到这一点！你需要灵活地运用边界，就像灵活地运用你的肌肉一样，自信、冷静、沉着、字斟句酌地表达，让每个人都知道你的边界不容践踏。一旦他们意识到你是认真的，你可能会惊讶地发现，保护自己的边界要比想象的要容易得多！以下是一些强化边界的实用话语：

- **"我已经拒绝过了，我需要你尊重这一点。"**
- **"记得我们昨天谈到的边界吗？你又越界了。"**
- **"这是我第二次叫你停手。请听我说。"**

- "如果你等着我改变主意,那你会失望的。我说的都是真心话。"
- "你听到我刚才对你说的话了吗?很好,因为我需要你尊重我的决定。"
- "在我第一次说'不'的时候,就需要你认真地倾听。我不想再重复。"
- "你可以这么想,但我不会改变主意。"

如果他们继续无视你的底线,那就到了需要他们承担后果的时候了。如果你的底线不断被打破,那就必须要有惩罚,否则打破底线的人可能永远不会停手。其中最重要的关键,是要设定一个你保证自己能坚持到底的惩罚性后果。如果你明知自己做不到,那么扬言"要结束这段友谊"就没有意义了。惩罚性后果必须是你能真正落实的,下面是一些例子:

如果有人对你大声喊叫,你可以说:

"如果你还这样跟我说话,那我就离开房间,等你准备好用正常音量跟我说话时再来找我。"

如果有人一直挖苦你的朋友，你可以说：

"如果你继续说我朋友的闲话，我就把你说的这些话告诉他们。"

如果有人抄你的作业，你可以说：

"如果你继续抄我的作业，我会去告诉老师。"

如果他们仍然不尊重你给出的惩罚性后果，尤其是在上面最后一个例子中，你可以去找一个能让你感到安全、值得信赖的成年人，将事情的原委告诉他。知道自己可以说"不"，是非常重要的，但有时我们都需要一点帮助。

如果有人一而再、再而三地打破你的边界，你还可以选择暂时疏远他，减少跟他在一起的时间，或者只在无法选择的情况下与他们在一起。例如，如果你们是同班同学，难免要见面，但放学后就不必再和他们一起玩了。你也可以在跟他们说话时有所保留。

如果你和朋友因此产生隔阂，可能会让你很痛苦，也会让你跟朋友的相处变得困难。所以我知道这么做并不容易。

但请记住，现在有一个无形的气泡在保护着你。如果他们挖苦讽刺你，这个气泡可以把这些刺人的话弹开，就像弹开射来的箭一样。

如果谁的举动让你不爽、生气或不高兴，而且他们对你说的"不"毫不在意，你也可以选择结束这段友谊。你有权告诉他们，希望他们退出你的生活。

不是所有友谊都会持续终生。忠诚的新朋友往往比无视你的老朋友更好。友谊是可以改变的。你的一生中，包括学生时代和成年以后，都会有一些朋友逐渐走远，甚至有些友谊会以心碎告终。这并不意味着你是个坏朋友，甚至也不意味着他们是坏朋友。这只意味着人是会变的，而随着你的改变，你可能会想要对你生命中的朋友做一些调整——你完全可以这样做！无论谁在你的生活里进进出出，你都必须坚持自己的"不"。

带着"不"，看着很不错！

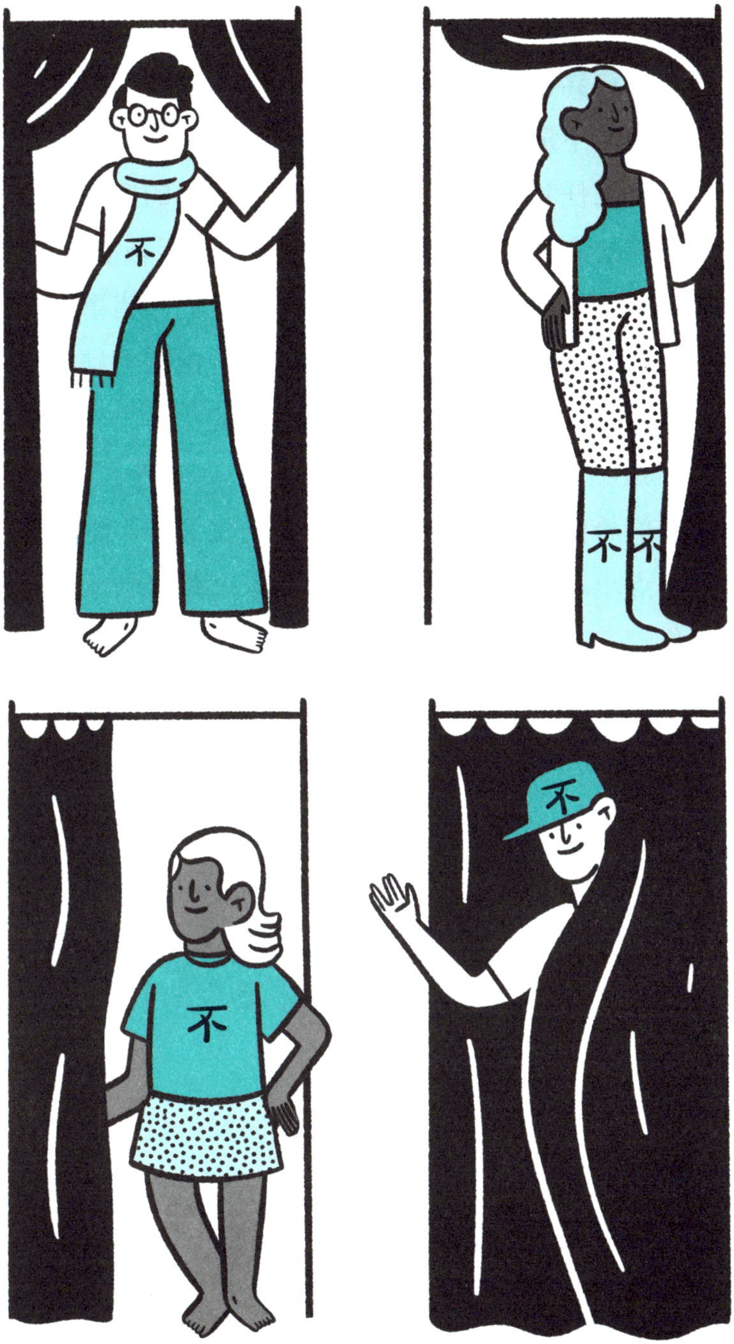
不
不 不
不
不

边界是双向的，这意味着其他人也有自己的边界！尊重别人的边界，同样重要。当别人跟我们设定边界时，可能会让我们不适，但这是尊重的一种重要表现！这意味着他们足够信任我们，能够诚实地说出自己的感受。他们知道我们的友谊足够牢固，能够经得起一些坦诚以待的考验。这也意味着他们足够信任我们，会在我们做错事的时候直接告诉我们，而不是假装我们知道或任由我们猜测。最重要的是，他们给了我们一个改过自新的机会。向我们坦率地说明边界，意味着他们知道我们是个好人，并无恶意，而且他们希望我们未来一直在他们的生活中。他们只需要看到一点小小的改变，这样我们大家就都能快乐起来了！在我像现在这样透彻地了解边界之前，我曾经以为别人对我说"不"就意味着他们在生我的气。但现在我看到了本质。

当你与他人划清边界时，是因为**你**想要建立一种特定的行为标准——这关乎**你**在生活中的期盼以及**你**的感受。这意味着别人设定边界是为了**他们**的感受和**他们**的期盼。就像你的边界不受别人影响一样，他们的边界是什么样，也与你无关。

当一个人告诉你一个新规则的时候，就是你第一次知道他的边界的时候。如果你一开始就不知道别人的边界，你怎么知道自己是否越界了呢？事实是，你根本就不知道。这是你的无意之失，并不意味着你是个坏人。这是每个人都可能犯的错误。现在你知道了他的边界，可以做得更好了！一旦有人告诉你他们的边界，你就知道自己需要怎么调整来改善关系。你可以用自己期盼的方式回应他们："不用担心，谢谢你告诉我！"或者："我真的很感谢你告诉我，这种事不会再发生了。"

尊重别人的边界意味着，即使你不愿意，也要按他们的要求去做——哪怕你知道如果你继续坚持或纠缠一下，他们就会屈服，改变主意，听你的话。所以，当你的朋友拒绝参加聚会时，就不要再乞求他们和你一起出去了。当你的妈妈说"不，你不能去过夜"时，那就是"不"。我们要善于在别人第一次说"不"时就接受！

要弄清自己与"不"的关系，不仅仅是向别人说"不"，还包括在别人说"不"的时候倾听并接受。如果你希望自己的"不"得到尊重，那么就从你自己做起，开始改变吧。

开始说"不"的十条规则

1. 你不可能让所有人都喜欢你。

2. 倾听自己的愤怒和怨恨,判断别人是否越界。

3. 当别人对你设定边界时,请尊重它。

4. 如果你与某人有矛盾,直接去跟他谈。

5. 你无法控制别人对你的看法。

6. 设定的边界要简洁明了。

7. 只要说"不"就够了。

8. 即使没有人理解,你的感受也很重要。

9. "不"需要坚持。

10. 说"不"从今天开始。

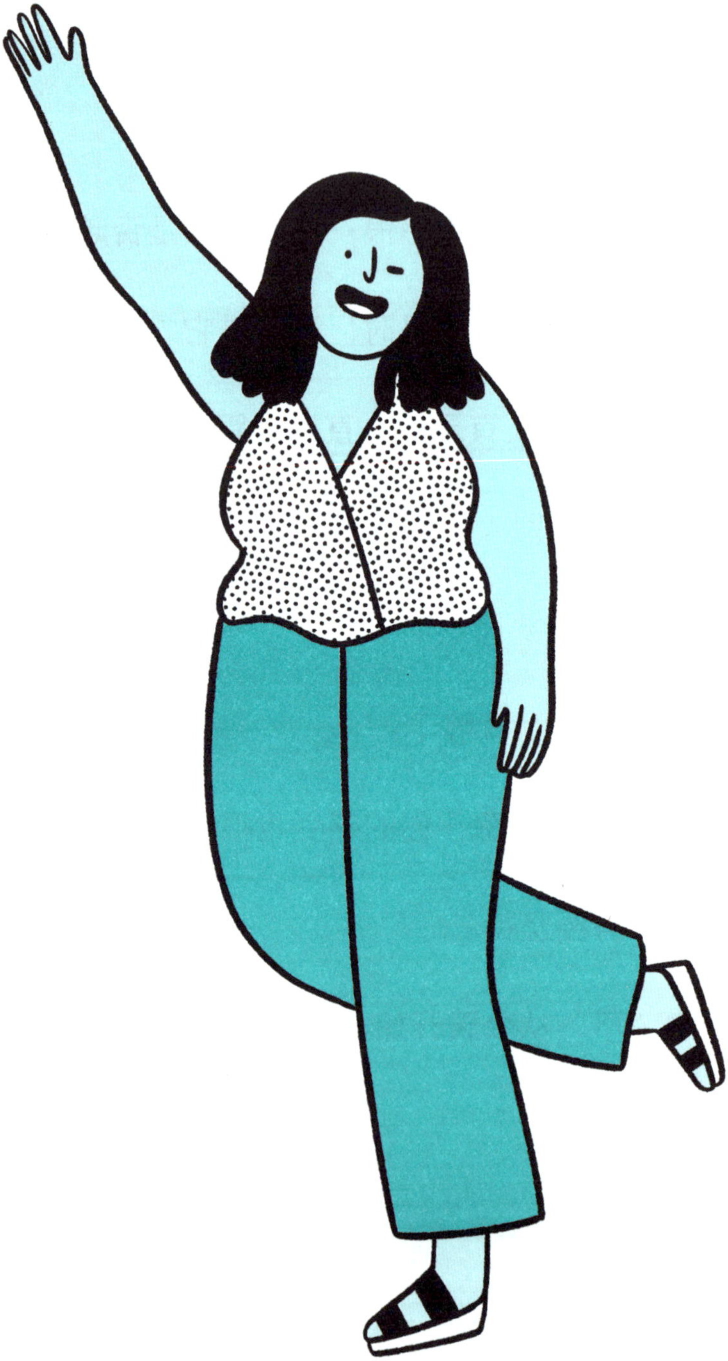

最后的话
（这次不再是说"不"了）

我知道这本书的内容很多,可能会让你感到眼花缭乱。"不"可能是最简单的词之一,但开始说"不"可能会让你感到害怕。怎么开始好呢?首先,要重视自己的感受,找出让你愤怒或怨恨的原因。然后,思考到底是什么让你感到不舒服,以及是否可以通过设定边界来解决这个问题。

接下来，选择一个说"不"的时机，把它说出来！你最终的目标是让你在需要否决的时候说"不"，在应该接受的时候说"是"，并对自己说出的"不"坚持到底。

有些人觉得从陌生人开始比较容易，有些人则觉得从熟人开始比较容易。如果你想从陌生人开始，可以先在餐厅试试。当服务员问你是否有什么你不喜欢的东西的时候，直接告诉他们。你也可以在学校里试试：当老师问你是否听懂了而你却不懂的时候，直接说自己不懂。如果你想从自己最亲近的人开始，那么下次你最好的朋友请你帮忙而你却没有心情的时候，就是一个直接跟他们说"不"的最佳时机。

你尝试得越多，就越能体会到"不"所释放的力量。它让你更加自信，能帮助你更好地了解自己，尊重自己的需要，让你感到快乐和舒适。

如果你觉得这段旅程令人生畏，不妨与你的朋友分享书中的内容。你可以把它变成一个有趣的游戏，每当有人说"不"的时候，你们就跳起快乐的舞蹈为之庆祝。即使是现在，我的朋友们也是我最有力的边界啦啦队！他们希望我尽可能强大，他们知道边界是力量的源泉，对我、对其他人都是如此。

最重要的是，我希望你从内心深处明白并坚信，你值得设定边界来保护。随着年龄的增长，你可能会发现，自己早晚不得不学会说"不"，比如面对老板或者室友！你正在学习一种将使你受用终生的技能。你已经走到了时代的前列！

你可以说"不"！你不需要做一个讨好者，答应别人所有请求和要求。你已经足够优秀，"不"是你的重要组成部分。是时候拥抱"不"并开始行动了！

你已经学会了！

致谢

当大人询问孩提时代的我想做什么工作时,我常在当妈妈和当老师之间犹豫。到 11 岁时,我下定决心,要成为一名心理学家,虽然至今仍未实现。但早在我明确自己的职业之前,我就一直很笃定想做与儿童有关的工作,尽管那时我自己还是个孩子!我十几岁的时候就开始在学校工作,但不知怎么的,生活的安排没能让我的梦想实现。因此,这本书让我找回了一点梦想,并以一种我无法形容的方式填满了我的心!它证明,一个人永远不应该放弃梦想。如果梦想没有实现,只能说明时候未到!

作为一名新晋儿童读物作者,很多人都给了我机会,所以在书的最后,我不能不说声谢谢。

非常感谢克洛伊-西格和整个玛德琳-米尔本团队。很难相信,这本书就是在问了你们"大家一直让我写一本关于边界的儿童读物,你觉得这个想法可行吗"之后诞生的。结果确实如此!尝试新事物、走出舒适区,让我很有成就感!感谢你们一路以来的支持,我很喜欢与你们合作!

非常感谢我出色的编辑菲比-詹考特和企鹅出版社的所有人。从一开始,你们就和我一样,对这本书充满热情。我很高兴你们一直是边界的拥护者,是你们在幕后做了大量工作，让大家相信这本书很有必要，才让这一切成为可能。

非常感谢百丽宣发公司的所有女士们。你们都是最棒的啦啦队长，有你们为我助威，对我来说意义非凡。我非常感谢你们的支持。如果没有你们的鼓励，没有你们让我变得更强大、更勇敢、更响亮，我是做不到的！

最后，我想对所有感到迷茫、还没有找到自我的孩子们说：没有人生来就知道自己是谁，生活就是在摸索中不断前进。这是一件好事，因为这意味着你会有更多惊喜。现在回首往事，我想为小小的我点个赞，因为我经受住了老师说我太霸道、太吵闹的考验，勇敢地经历了一些非常糟糕的时刻，才成就了今天写出这本书的我。没有当初的我，就没有今天的我。我的童年并不轻松，如果你现在正在历经艰辛，请相信一切都会好起来的，你永远不会孤单。记住，你被人深爱，人们往往很容易忘记这一点。我真希望我当时就清楚，向人倾诉总会有所助益。有一天，当你回顾这一切时，你会纳闷：我怎么会因为说"不"而害怕呢？我知道我就是这样！